Tierstudien 06/2014

Tiere und Raum

Tierstudien

06/2014

Tiere und Raum

Herausgegeben von Jessica Ullrich

Neofelis Verlag

Tierstudien
06/2014: Tiere und Raum
Hrsg. v. Jessica Ullrich

Bibliografische Information der Deutschen Nationalbibliothek
Die Deutsche Nationalbibliothek verzeichnet diese Publikation in der Deutschen Nationalbibliografie; detaillierte bibliografische Daten sind im Internet über http://dnb.d-nb.de abrufbar.

Umschlaggestaltung: Marija Skara
Druck: PRESSEL Digitaler Produktionsdruck, Remshalden
Gedruckt auf FSC-zertifiziertem Papier.
ISSN: 2193-8504
ISBN: 978-3-943414-41-7
2. Auflage, 2022

Erscheinungsweise: zweimal jährlich
Jahresabonnement 20 €, Einzelheft 12 €
Erhältlich in Ihrer Buchhandlung oder direkt beim Neofelis Verlag unter:
vertrieb@neofelis-verlag.de

Ein Abonnement verlängert sich automatisch um ein Jahr, wenn die Kündigung nicht mindestens drei Monate vor Ende des Kalenderjahrs erfolgt ist.

Inhalt

Editorial 7

Tierspuren

Daniel Lau
Das Tier im neolithischen Raum
am Beispiel des Fundortes Göbekli Tepe 17

Juliet MacDonald
Spuren im Labyrinth 28

Gehege

Andreas Stark
Koproduktion von Raum und Speziesismus.
Eine genealogische Betrachtung
räumlicher (An)Ordnungen von Tiergehegen 43

Christina May
Welten der Finsternis.
Nachttierhäuser in Zoologischen Gärten 57

Der Ort der Tiere auf der Bühne und im Film

Lars Nowak
Mit Pavlov ins Kino.
Die Orte der Tiere im sowjetischen
Montagefilm der 1920er Jahre 71

Esther Köhring
Habitat Bühne.
Theatertheriotopologie in Joseph Beuys:
I like America and America likes me (1974) 84

Die Zuweisung von Lebensräumen

Ulrike Heitholt / Dominik Mahr
Raum-Tiere und Tier-Räume.
Konzepte der Räumlichkeit von Vögeln in bürgerlichen Wissenskulturen des 19. und frühen 20. Jahrhunderts 97

Matthias Preuss
Pferche.
Der Gemeinplatz als (Nach-)Lebensraum 108

Künstlerische Positionen

Rolf Bier
Tiere in meiner Welt – meine Welt in Tieren 119

kainkollektiv
Tiere in Städten 129

Bryndís Snæbjörnsdóttir / Mark Wilson
A Safe Passage 139

Oskar Verant
TieRauMensch 147

Rezensionen 153

Abbildungsnachweise 168
Call for Papers: Wild 169

Editorial

Animal Geography[1], Animal Architecture[2] oder Animal Citizenship[3] sind seit einigen Jahren grundlegende Themen der internationalen Animal Studies. In der sechsten Ausgabe von *Tierstudien* geht es daher um die Räume der Tiere bzw. um die Orte, die Menschen Tieren zuweisen bzw. die Tiere sich selbst aneignen oder sie gestalten.

Oft definieren Menschen Tiere über den Ort, an dem sie sich freiwillig oder zwangsweise aufhalten, und bilden Kategorien wie z.B. Haustiere, Bauernhoftiere, Labortiere, Zootiere, Zirkustiere, Tierheimtiere, exotische Tiere, heimische Tiere, wilde Tiere, aber auch Meerestiere, Weinbergschnecken, Berglöwen, Darmparasiten, Bettwanzen etc. Manche Spezies tragen den Ort, aus dem sie stammen, im Namen, wie etwa der Weimaraner, der Friese oder die Burmakatze.

Dabei können Räume sowohl einschließen wie ausschließen, marginalisieren wie fokussieren. Euphemismen wie Gehege, Reservat oder Voliere verschleiern, dass die Zuweisung von Räumen genau wie deren Eroberung immer auch eine Herrschaftsgeste ist. Ob sich ein Wesen vor oder hinter Gittern befindet bzw. vor oder hinter einer Kameralinse, legt hierarchische Strukturen offen. Vielen sogenannten Haustieren wird nur ein geringer Bewegungsradius zugestanden: Singvögel werden in Käfigen gehalten, Fische in Aquarien, Hofhunde werden an die Kette gelegt, manche Katzen dürfen das Haus nie verlassen.

Während viele menschliche Räume für Tiere unbetretbar sind („Wir müssen draußen bleiben."), hat der Ökotourismus die letzten Flecken vermeintlich unberührter Natur für Menschen geöffnet. Andererseits reisten nichtmenschliche Tiere bereits vor den menschlichen

1 Vgl. u.a. Chris Philo / Chris Wilbert: *Animal Spaces, Beastly Places. New Geographies of Human-Animal Relations.* New York: Routledge 2000, oder Julie Urbanik: *Placing Animals. An Introduction to the Geography of Human-Animal Relation.* Plymouth: Rowman & Littlefield 2013 (in dieser Ausgabe rezensiert von Aline Steinbrecher).

2 Vgl. u.a. Mike Hansell: *Animal Architecture.* Oxford: Oxford University Press 2005, oder den Aufsatz von Sascha Roesler: Bauen ohne Hand und Hirn. Anmerkungen zum Begriff der *Tierarchitektur.* In: *Tierstudien* 01 (2012): Animalität und Ästhetik, S.93–104.

3 Vgl. Sue Donaldson / Will Kymlicka: *Zoopolis. A Political Theory of Animal Rights.* Oxford: Oxford University Press 2011 (in dieser Ausgabe rezensiert von Livia Boscardin).

in den Weltraum oder halten sich an Orten auf, die für Menschen unbewohnbar sind, wie etwa der Tiefsee.
Das Habitat selbst ist im Grunde eine Verbform (lat. *habitat*: er, sie, es wohnt) und muss somit immer auch performativ gedacht werden. Viele nicht-menschliche Tiere markieren ihre Territorien, um von einem selbstgewählten Raum Besitz zu nehmen, andere verändern aktiv ihren Lebensraum. Räume beeinflussen also die Beziehungen und Interaktionen von menschlichen und nicht-menschlichen Tieren.

Den Auftakt machen zwei Beiträge, die sich auf Spurensuche begeben und auf quasi archäologische Weise die Orte der Tiere freilegen. Daniel Laus Aufsatz trägt zum Verständnis des urgeschichtlichen Mensch-Tier-Verhältnisses und dessen animistischer Weltsicht bei. Lau betrachtet die Reste von megalithischen Rundbauten im türkischen Göbekli Tepe, die eine wichtige Rolle im Übergang einer Wildbeutergemeinschaft hin zu einer sesshaften, bäuerlich lebenden Humangesellschaft gespielt haben könnten. Er erläutert die parallel existierenden Deutungsversuche anthropomorph gestalteter T-Pfeiler mit Tierreliefs, bei denen den Tierbildern in der Forschung meist eine passive Rolle im Zusammenhang mit Jagd, Totenritual oder Schamanismus, als Attributstiere oder Wächter zugesprochen wird. Lau schlägt vor, die Tiere genauso wie die anthropomorphen Gestalten als konkrete Repräsentationen zu sehen. Er liest die T-Pfeiler als Kommunikationsraum: Möglicherweise, so Lau, verkörpern die T-Pfeiler konkrete Persönlichkeiten oder verstorbene Schamanen, die als Bindeglied zwischen der diesseitigen und jenseitigen Welt fungierten und denen zugetraut wurde, sich in Tiere verwandeln zu können. Der gestaltete Raum wird in Laus Interpretation zum umhegten Zugang zu einer anderen Welt, in der nicht nur menschliche Ahnen, sondern auch Tiergeister ihren Platz haben.
Ausgangspunkt von Juliet MacDonalds Beitrag ist ein Text Ernest Seton-Thompsons von 1900. Der Naturforscher beschreibt hier, wie er aus Interesse an der Weltsicht von Tieren die Wege und den Bau einer Kängururatte beobachtete und kartierte – allerdings nicht ohne den Bau im Erkenntnisprozess zu zerstören. Ein von ihm skizziertes Schaubild, der Grundriss der räumlichen Welt der Ratte, diente kurz darauf dem Psychologen Willard S. Small als Vorbild für ein komplexes Labyrinth, mit dessen Hilfe er die Lernprozesse von

Ratten studierte. Adaptionen dieses Labyrinths wurden schon wenig später zum experimentellen Testen unterschiedlichster Spezies in der Verhaltensforschung verwendet und gehörten zu Hochzeiten des Behaviorismus zur Standardausrüstung jedes Labors. MacDonald rekapituliert anhand der Schaubilder der verschiedenen Stadien der Labyrinthentwicklung, wie ein ursprünglich vorhandenes Interesse am Geist der Tiere zunehmend korrumpiert wurde und zur totalen Kontrolle und mechanistischen Einschränkung objektivierter Tieren im Ratte-im-Labyrinth-Verbund führte.

Die folgenden beiden Aufsätze widmen sich den Tiergehegen in Zoos oder Tiergärten. Andreas Stark, dessen Aufsatz hier postum in der Bearbeitung von Anett Laue und Markus Kurth veröffentlicht wird, beschäftigt sich in einer historisch weit ausholenden Studie mit der Entwicklung von Gehegetypen in Berlin. Im Bestreben nach einer geordneten Welt herrschte in der Frühphase des Zoos eine taxonomische Gliederung der Tierwelt vor, während heute eher ökologische Zusammenhänge betont bzw. aktuell auch immersive Gehege favorisiert werden. Stark liest die Tiergehege als Ausdruck hegemonialer gesellschaftlicher Mensch-Tier-Verhältnisse und kritisiert in seiner Studie Verräumlichungsprozesse, die aus Tieren verfügbare Objekte machen. Er kommt zu dem Schluss, dass nicht nur die Verortung von Tieren in der Sphäre des Natürlichen nicht länger aufrecht zu erhalten ist, sondern dass auch die dichotomen Codierungen von nichtmenschlichen Tieren und Menschen zu überdenken, wenn nicht gar ganz aufzugeben sind.

Christina May untersucht die Entwicklung und Wirkungsästhetik der Nachttierhäuser in den 1960er Jahren anhand der *World of Darkness* des New Yorker Bronx Zoos, des Nachttierhauses des Londoner Zoos sowie der Anlage für dämmerungsaktive Tiere im Arizona Sonora Desert Museum in Tucson. Ihnen ist gemeinsam, dass sie ohne Tageslicht oder helles künstliches Licht für die Sichtbarkeit der ausgestellten Tiere und für Unterhaltung der Besucher_innen sorgen mussten. Die unterschiedlichen Häuser führten empirische Verhaltensstudien durch, experimentierten mit bläulicher oder rötlicher Beleuchtung, setzten auf akustische Reize und immersive Szenographien, entwickelten Strategien, um Besucher_innen von ihrer Desorientierung im Dunkeln abzulenken oder Verzögerungstaktiken, damit sich das Auge an die Dunkelheit gewöhnen konnte.

Erklärtes didaktisches Ziel der unterschiedlichen Inszenierungen und des teilweisen Entzugs visueller Reize war neben der Vermittlung spezifischer biosystemarer Zusammenhänge, ein Bewusstsein für die unterschiedlichen Habitate und für die Relativität menschlicher Umwelt und Wahrnehmung zu schaffen. Dennoch zeigt sich, dass die räumliche Gestaltung vor allem auf die Verbesserung der Sichtbarkeit und weniger auf die Bedürfnisse der Tiere ausgerichtet war. May deckt auf, dass es in den untersuchten Nachttierhäusern lediglich beim Versuch einer blassen Übersetzung von nichtmenschlicher Erfahrung in menschliche Wahrnehmung bleiben muss.

In den folgenden beiden Texten geht es um Tiere in den Künsten, insbesondere um Bühnentiere und um Filmtiere. Lars Nowak untersucht Sergej Eisensteins Montageästhetik in den Filmen *Streik* (1924) und *Die Generallinie* (1929) in Bezug zu Wsewolod Pudowkins Dokumentarfilm *Mechanik des Gehirns* (1925–26) und überkreuzt so Filmtheorie und Wissenschaftsgeschichte. Zunächst zeigt er, wie Eisenstein mittels Parallelmontagen, Überblendungen, Schuss-Gegenschuss-Wechseln oder dem Zusammenführen innerhalb derselben Einstellung Menschen mit Tieren analogisiert und das unabhängig davon, ob beide denselben Handlungsraum teilen oder nicht. Theriomorphisierungen und Anthropomorphisierungen geschehen dabei mit denselben filmtechnischen Mitteln. In Pudowkins *Mechanik des Gehirns*, einem von Ivan Pavlov beeinflussten Lehrfilm über die biologische Reflexlehre, geschieht die Parallelisierung von Menschen und Tieren vor allem durch Zwischentitel, die die Übertragbarkeit der Reflexlehre betonen. Nowak verbindet seine beiden Untersuchungsgegenstände, indem er anhand von Eisensteins Texten dessen Konzeption der Attraktions-Montage zu gezielten Reflexreaktionen herausarbeitet: So realisiere *Streik* die Prinzipien der Assoziationsmontage und *Die Generallinie* die der Obertonmontage-Theorie. Eisenstein animalisiert also nicht nur die Menschen in seinen Filmen, sondern – indem er von ihnen reflexhafte emotionale und intellektuelle Wirkungen erwartet – auch die Zuschauer_innen.

Esther Köhring untersucht in ihrem Beitrag zur Theatertheriotopologie die Theater-Tier-Raum-Ordnungen in Josephs Beuys berühmter Aktion *I like America and America likes me* von 1974. Sie analysiert, wie Beuys und seine Apologeten performativ und diskursiv eine esoterische Extraterritorialität inszenieren, die die Beuys'sche

Privatmythologie hervorbringt und stützt. Der gleichzeitig dekontextualisierte wie essentialisierte Kojote als Unordnung stiftender Grenzgänger, der die Übergänge bevölkert, vermag das Schaustellungsdispositiv des Theaters mit der hermetischen Raumordnung des White Cubes zu verbinden. Indem die Arbeit das Verhältnis von Präsenz und Repräsentation von Bühnentieren einerseits kommentiert und andererseits die Beziehung des Theaters zu eben dieser Spannung ausstellt, avanciert Little John laut Köhring zur Denkfigur über Tiere im Theater. Am Beispiel von Antonia Baehrs Sonic Lecture Performance *My Dog is my Piano* von 2012, die sie vergleichsweise als weiterführende performative Reflektion über Bühnentiere und deren Ort heranzieht, zeigt Köhring, dass kein leibliches Tier anwesend sein muss, um die Bühne als (Co-)Habitat zu konstituieren, als relationalen Raum, der die menschlichen und nichtmenschlichen Akteur_innen nicht nur bestimmt, sondern auch von ihnen produziert wird.

Die nächsten beiden Textbeiträge behandeln aus ganz unterschiedlichen Perspektiven theoretische und praktische, historische und aktuelle Raumkonzepte, die zur Naturalisierung von Lebensräumen und Denkgebäuden führen. Ulrike Heitholt und Dominik Mahr untersuchen paradoxe Konzepte der Räumlichkeit von Vögeln am Beispiel deutscher Feldornithologie und der Geflügelzucht. Während sich die Ornithologie zuvor vor allem mit der taxonomischen Einordnung von Vogelpräparaten beschäftigt hatte, wandelten sich die Perspektiven und Methoden der Wissenschaft ab der Mitte des 19. Jahrhunderts durch in privaten Naturvereinen organisierte Amateure. Vogelforscher interessierten sich nun auch für Verbreitungs- und Zugerscheinungen in der Vogelwelt, die sie in Feldexkursionen erkundeten. Die Spatialität des Geflügels entwickelte sich völlig anders: Während Hühner bis ins 19. Jahrhundert hinein in der Regel frei und relativ unkontrolliert herumliefen, sich dabei aber keiner guten Reputation erfreuten, änderte sich beides, als der Import bislang unbekannter Hühnerrassen zu einer gezielten Rassegeflügelzucht und zur Gründung von Geflügelzuchtvereinen führte. Einerseits wurden Rassehühner nun im bürgerlichen Raum akzeptiert und über Kontinente hinweg verschifft, andererseits verloren die Tiere einen großen Teil ihrer räumlichen Freiheit: Sie wurden nun in auf Effizienz ausgelegten Ställen und Käfigen verwahrt und in jeder ihrer Lebensäußerungen kontrolliert. Heitholt und Mahr zeigen, wie der Aufstieg

der Hühner zu Liebhaberobjekten den alltäglichen Bewegungsradius individueller Tiere massiv beschränkte, während zur gleichen Zeit mit der Entwicklung der Feldornithologie das Bewusstsein und die Akzeptanz für den unbegrenzten Lebensraum frei fliegender Vögel wuchs.
Der abschließende, gedanklich und sprachlich stark verdichtete Beitrag von Matthias Preuss entlarvt am Beispiel der Zugpferde und der Fleischfabriken im Paris des 19. Jahrhunderts die Interdependenzen von begrifflich-virtuellen und reellen Habitaten kapitalisierter Tiere. Er bedient sich der Trope des Gemeinplatzes „Tier", den er in seiner Abgrenzung vom Menschen in Anlehnung an Jacques Derrida nicht nur als Plattitüde und „Begriffs-Pferch" liest, sondern auch als realen Ort bzw. Ab-Ort, der die Tötung von Tieren verstellt und unsichtbar macht. Preuss deckt die räumlichen, psychologischen und sprachlichen Verdrängungsmechanismen auf, die – aus Eigeninteresse heraus – zur Verbannung tierlichen Leidens aus den öffentlichen Gemeinplätzen und zur Verlagerung in auf Tötung spezialisierte Einpferchungen am Stadtrand geführt haben.

Die vier künstlerischen Beiträge befragen die raumgestaltende, konstruktive Kraft von Tieren, die räumlich beschränkten Lebensbedingungen sogenannter Haustiere, das Bevölkern des städtischen Raums durch Tiere und die Koexistenz von Spezies ebenso wie den Verlust von Lebenswelten.
Für das mehrjährig angelegte Projekt *Tiere in meiner Welt – Meine Welt in Tieren* notiert Rolf Bier Tiere dort, wo sie sich aufhalten und er ihnen – zufällig – begegnet. Er arbeitet damit an der Schnittstelle von menschlichem und tierlichem Raum bzw. dort, wo die Lebenswelten überlappen. Der Künstler versteht seine Arbeit als eine aufmerksam wahrnehmende, empathische Annäherung an Leben, das sich außerhalb des eigenen Ichs behauptet. Für jedes gesehene Tier schreibt er den exakten Ort und Zeitpunkt der Sichtung auf und hält somit einen Moment von Interspezieskoexistenz fest, der sonst unbemerkt verginge und verloren wäre. Für *Tierstudien* hat er aus der umfangreichen künstlerischen Feldstudie die drei Wappentiere seines dreibändigen Buchprojekts ausgewählt: Esel, Schwan und Krebs. Obwohl die drei Tiere völlig unterschiedliche Lebensräume beanspruchen, teilen sie sich zwangsläufig ein Habitat mit den omnipräsenten Menschen. Allerdings muss der Künstler in einer globalisierten, zunehmend

industrialisierten Welt achtsam beobachten, um diese und andere Tiere überhaupt zu bemerken, und vor allem, um diesen seltener werdenden Begegnungen Wert zuzumessen.

Die folgende, eher literarisch ausgerichtete Künstlerstrecke entstammt der Artistic Research der Künstlergruppe kainkollektiv. Im Projekt *Tiere in Städten*, das als Work-in-Progress kontinuierlich weitergeführt wird, entstehen neben Objekten, Aktionen und Geräuschen auch Textskizzen: Im ersten Text (0) wird die generelle Arbeitsweise von Mitgliedern der Gruppe assoziativ in Form eines Tagebucheintrags vorgestellt und mit einem Umherstreifen und Blindflug und damit unbewussten, quasi ‚animalischen' Prozessen verglichen. *Das andere Tun* verdichtet auf poetische Weise die fluide Identität der ‚Türkentauben', die sich trotz diverser Vergrämungsmaßnahmen in der Stadt behaupten. *Bruno der Bär* ist ein beziehungsreicher Bericht über die Ereignisse um den im Sommer 2006 in den bayerischen Alpen aufgetauchten Bären JJ1, der schnell gleichzeitig zum Medienliebling und ‚Problembären' avancierte, bis er für das Überschreiten einer für ihn unsichtbaren Grenze mit dem Tod bestraft wurde. *Ökologische Nische (Chor)* schließlich wirkt wie ein dadaistischer Lexikoneintrag und schließt mit der Bezugnahme auf die Türkentaube an den zweiten Text an.

Das Künstlerduo Bryndís Snæbjörnsdóttir und Mark Wilson untersucht in *a safe passage* die Rolle von Maulwürfen als Landschaftsgestalter, Architekten, Ingenieuren und Archäologen, also als kreative, raumgestaltende Akteur_innen. U. a. verweisen sie auch auf Martha Roslers Documenta-Beitrag von 2007, für den die Künstlerin aus der Perspektive eines Maulwurfs Kasseler Gärten fotografierte, wodurch die Spezies in eine Reihe mit anderen tierlichen, wenn auch meist symbolisch gemeinten Protagonist_innen in künstlerischen Prozessen gestellt wurde. Weniger ästhetische als ethische Fragen im Umgang mit Maulwürfen, die sich in von Menschen kultivierte Räume begeben, wirft dann die Auflistung des Waffenarsenals auf, mit dem aufgewartet wird, um Maulwürfe zu töten oder zu vertreiben. Die Arbeit macht, wie so oft im Werk der beiden Künstler_innen, die Widersprüchlichkeit der Tier-Mensch-Beziehung überdeutlich und fragt hypothetisch danach, ob es überhaupt die Möglichkeit einer sicheren Passage für Maulwürfe geben kann: von einem Ort, wo sie meist als

Plage gelten, an einen Ort, an dem sie sichere Territorien errichten können.

Die Fotos von Oskar Verant, die Tiere an den beengten und wenig ‚artgemäßen' Orten zeigen, die ihnen von Menschen zugeteilt wurden, sind alle 2014 in Bozen und Perugia entstanden und wurden erstmals unter dem Titel *TieRauMensch* in der Gruppenausstellung „Arche Noah" in der Festung Franzensfeste gezeigt. Die Aufnahmen machen auf den ersten Blick die absolute Deplatziertheit der dargestellten Tiere klar. Die Behältnisse, in denen die Tiere leben müssen, haben vor allem Kontrollfunktion und sind ganz auf den Schauwert des jeweiligen Tieres ausgerichtet. Auf die Bedürfnisse der Insassen wird wenig Rücksicht genommen, auch wenn die Ausstattung der Container zuweilen ein rudimentäres ‚natürliches' Habitat zu imitieren sucht. Jede körperliche Erkundung der Außenwelt bleibt den Tieren verwehrt, egal wie nah diese auch ist. Das Erschreckende der Aufnahmen ist, dass sie keine Extremfälle dokumentieren, sondern den alltäglichen Wahnsinn westlicher Haustierhaltung. Rainer Maria Rilkes viel zitierte und auf unterschiedlichste Weise ausgedeutete Zeile „Mit allen Augen sieht die Kreatur das Offene"[4] aus der *Achten Duineser Elegie* (1922) gewinnt hier einen bitteren Beigeschmack.

Die Beiträge in dieser Ausgabe von *Tierstudien* rufen einmal mehr in Erinnerung, dass Menschen und die anderen Tiere zwar unterschiedliche Umwelten haben mögen, dass sie aber dennoch miteinander eine Welt teilen. Damit, so könnte man meinen, sollte eine gewisse Rücksichtnahme bei der ständig massiver werdenden Ausweitung menschlicher Territorien einhergehen.

Jessica Ullrich

4 Rainer Maria Rilke: Achte Duineser Elegie. In: Ders.: *Sämtliche Werke*, Bd. 1, hrsg. v. Rilke-Archiv. Wiesbaden / Frankfurt am Main: Insel 1955–1966, S. 714–717, hier S. 714.

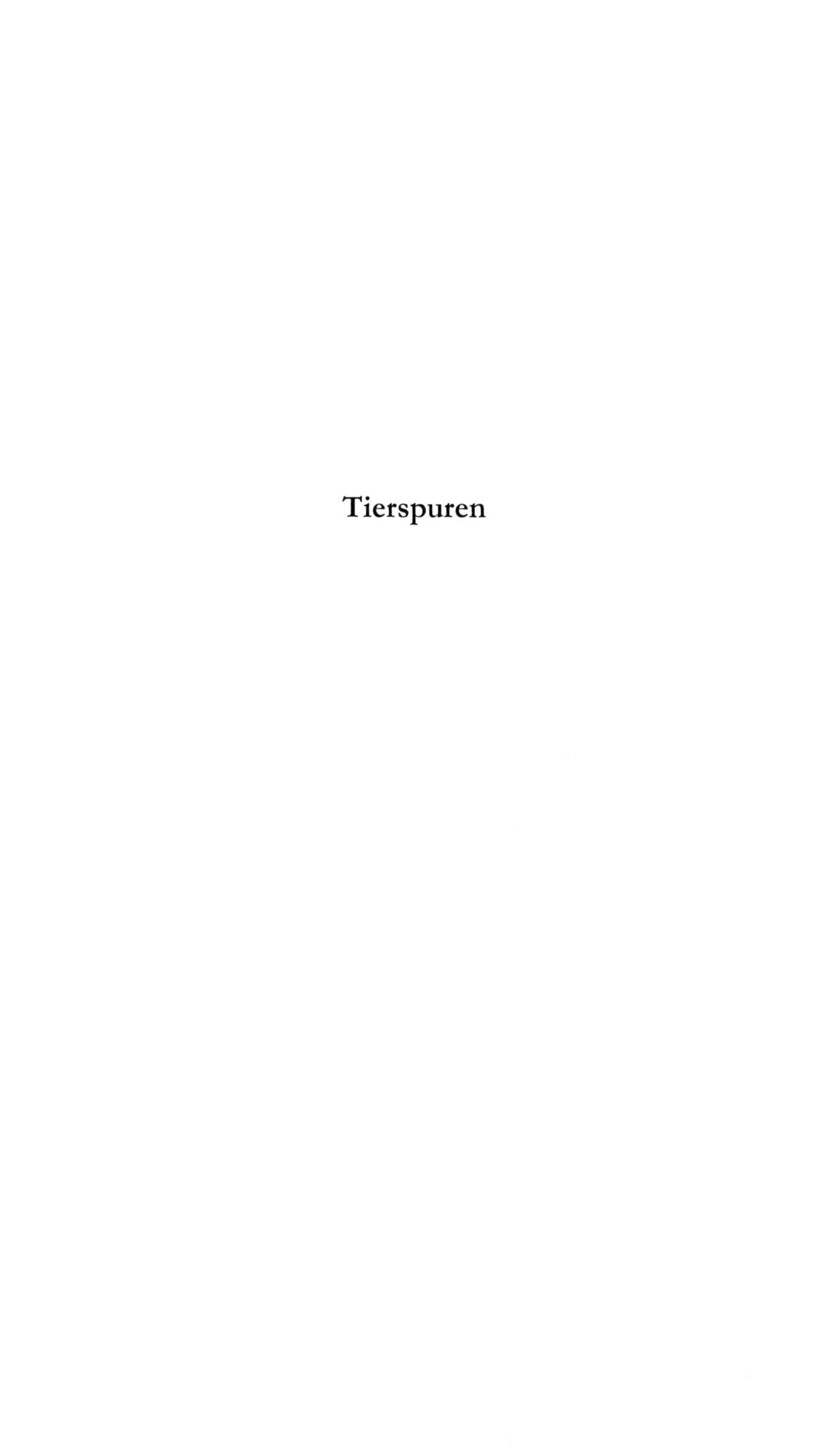

Tierspuren

Das Tier im neolithischen Raum am Beispiel des Fundortes Göbekli Tepe

Daniel Lau

Der archäologische Fundort Göbekli Tepe liegt im Südosten der heutigen Türkei, etwa 15 Kilometer nordöstlich der Stadt Şanlıurfa. Die Fundstelle erstreckt sich auf einer Fläche von etwa 9 Hektar und liegt auf der Kuppe eines Hügels, rund 800 Meter über dem Meeresspiegel. Seit 1995 finden hier, im Auftrag des Deutschen Archäologischen Instituts und in Kooperation mit dem Archäologischen Museum von Şanlıurfa unter der Leitung von Klaus Schmidt, Ausgrabungen statt.[1] Es lassen sich zwei Bauschichten voneinander trennen, von denen die ältere etwa in die Mitte des 10. und die jüngere in das 9. Jahrtausend v. chr. Z. datiert. In diesem Zeitraum vollzog sich im Gebiet des ‚Fruchtbaren Halbmondes', einem geografisch gedachten Bogen, der sich von der südlichen Levante nach Norden entlang der Ausläufer des Taurus- in das Zagros-Gebirge hinein erstreckt, der Wandel vom Wildbeutertum hin zu einer sesshaften, produzierenden Subsistenzwirtschaft.[2]

Die Bedeutung dieses Fundortes liegt in den bislang ausgegrabenen sieben megalithischen Rundbauten.[3] Diese zwischen zehn und zwanzig Meter durchmessenden Strukturen datieren in die ältere Bauschicht und stellen nach Beurteilung des Ausgräbers keine Wohnbauten dar. Die vielmehr als ‚sakral' gedeuteten Strukturen bestehen aus symmetrisch im Kreis angeordneten, drei bis über fünf Meter

1 Klaus Schmidt: Göbekli Tepe – Sanctuaries of the Stone Age. New Results of the Ongoing Excavations with a Special Focus on the Sculptures and High Reliefs. In: *Documenta Praehistorica* 37 (2010), S. 239–256.

2 Die genauen Prozesse, die diesen Wandel begünstigten, sind noch immer in der Diskussion. Vgl. Marion Benz: *Die Neolithisierung im Vorderen Orient: Theorien, archäologische Daten und ein ethnologisches Modell* (= *Studies in Early Near Eastern Production, Subsistence, and Environment* 7). 2. Aufl. Berlin: Ex oriente e. V. 2008.

3 Die Ausgrabungen in Göbekli Tepe sind noch nicht abgeschlossen, so dass sämtliche Interpretationen vorläufig sind. Durch geophysikalische Prospektion konnte beispielsweise herausgefunden werden, dass mindestens noch fünfzehn weitere Rundbauten ihrer Entdeckung harren, vgl. Dušan Borić: Theater of Predation: Beneath the Skin of Göbekli Tepe Images. In: Christopher Watts (Hrsg.): *Relational Archaeologies. Humans – Animals – Things.* New York: Routledge 2013, S. 42–64, hier S. 44.

Abb. 1: Blick auf einen Rundbau, Göbekli Tepe, Südost-Türkei, 10. Jts. v. chr. Z.

großen und bis zu zehn Tonnen schweren Kalksteinpfeilern, die aufgrund ihrer Form als T-Pfeiler bezeichnet werden. Eine Gruppe von jeweils zehn bis zwölf dieser Pfeiler bildet einen Rundbau, der wiederum jeweils zwei weitere im Zentrum der Anlage stehende größere Pfeiler einhegt (Abb. 1).

Ungeklärt ist die Frage, ob die Rundbauten überdacht waren und die Pfeiler eine wie auch immer geartete Bedachung stützten.[4] Nach Klaus Schmidt entstanden die monumentalen Bauwerke des Göbekli Tepe aus dem „Verlangen nach einem ‚sakralen Raum'" und besitzen „eine Schlüsselfunktion im Transformationsgeschehen vom Wildbeuter zum Bauern".[5] Nach Peters und Schmidt lassen sich hier die ersten Anzeichen einer Hierarchisierung der Humangesellschaft ausmachen,

4 Klaus Schmidt: Die megalithischen Kreisanlagen des steinzeitlichen Göbekli Tepe. In: Ortwin Dally / Susanne Moraw / Hauke Ziemssen (Hrsg.): *Bild – Raum – Handlung. Perspektiven der Archäologie.* Berlin / Boston: de Gruyter 2012, S. 243–254, hier S. 244.

5 Ebd., S. 244. In der westlichen Philosophietradition wird die Natur-Kultur-Dichotomie durch die Prozesse der Domestikation erst verschärft. Ethnografische Untersuchungen können jedoch belegen, dass es viele Gesellschaften gibt, die eine strikte Natur-Kultur oder wild-zahm-Binarität nicht kennen, vgl. Borić: Theater of Predation, S. 49 mit weiteren Hinweisen.

Abb. 2
Ein mit Tierdarstellungen (Auerochse, Wolf/Fuchs und Kranich) verzierter sogenannter T-Pfeiler.

an dessen oberen Ende sie einen oder mehrere Schamanen vermuten, die für die Errichtung der Bauten verantwortlich gewesen seien.[6]

Viele der T-Pfeiler sind in flachem Relief verziert. Neben abstrakten Symbolen, deren Deutung sich unserer Kenntnis entzieht, wurden zahlreiche Tiere dargestellt, darunter Auerochsen, Wildschweine, Füchse, Kraniche, aber auch Skorpione und Schlangen (Abb. 2). Fische, deren Überreste im Verfüllschutt der Bauten nachgewiesen werden konnten, sind bislang nicht unter den Abbildungen vertreten. Die Säugetiere sind durchgehend männlich dargestellt, die Raubtiere meist mit gefletschten Zähnen.[7] Das Geschlecht der Vögel und Insekten lässt sich anhand der Darstellungen nicht ermitteln. Bislang sind auch die Darstellungen von zwei Menschen, eine davon ithyphallisch und ohne Kopf, bekannt sowie die einfache Ritzzeichnung einer frontal dargestellten nackten Frau in gebärender Haltung.[8]

6 Joris Peters / Klaus Schmidt: Animals in the Symbolic World of Pre-Pottery Neolithic Göbekli Tepe, South-Eastern Turkey: A Preliminary Assessment. In: *Anthropozoologica* 39,1 (2004), S. 179–218.

7 Schmidt: Sanctuaries of the Stone Age, S. 245.

8 Ebd., S. 244–247.

Die T-Pfeiler werden als anthropomorph gedeutet, denn viele zeigen zwar stark stilisierte, trotzdem aber erkennbare Darstellungen menschlicher Hände und Arme.[9] Sie sind mit ihrer Vorderseite stets auf die beiden im Zentrum der Anlage befindlichen ‚Zwillingspfeiler' orientiert.[10] Die Gestalten sind offenbar geschlechtslos und angedeutete, von Schmidt als ‚Stola' interpretierte Ornamente sind die einzigen Unterscheidungsmerkmale – auch Gesichtszüge oder Augen fehlen. Diese numinose Darstellung des Anthropomorphen deutet Schmidt vage als Repräsentation von Göttern, Ahnengeistern oder Dämonen, ohne sich jedoch festzulegen oder seine Deutung konkretisieren zu wollen, jedenfalls seien es „sehr wichtige Wesen, die sich dort im Kreis versammeln"[11] und so einen ‚sakralen Raum' schaffen.
Aus Bruchsteinen gefertigte und in Lehmmörtel verlegte Mauerstücke zwischen den einzelnen Pfeilern, grenzen ein ‚Innerhalb' von einem ‚Außerhalb' deutlich ab. Schmidt weist den anthropomorphen T-Pfeilern eine dominante Rolle zu, auf einer zweiten Ebene illustrieren die Tierdarstellungen ein mythologisches Geschehen, das wiederum auf einer dritten Ebene durch die abstrakten undeutbaren Symbole ergänzt werde.[12]
Hier bilden die Funktion, die Gestalt des Bildträgers und das auf ihm Dargestellte eine unauflösliche Einheit. Daher kommt ihrer Verzierung mit Tierbildern eine besondere Bedeutung für das Verständnis des urgeschichtlichen Mensch-Tier-Verhältnisses zu.

Die Symbole, Tierdarstellungen und die T-Pfeiler konstruieren einen Raum, der für spezielle Handlungen ausgelegt war, die als ‚sakral' umschrieben werden können. Die Art der hier ausgeführten Handlungen wird bis auf wenige vage Aussagen nicht mehr rekonstruierbar sein. Abgesehen von den aus den Schuttmassen geborgenen Funden wie Steingeräte und Knochen, sind die Tierdarstellungen der einzige Anhaltspunkt, der eine Funktionsdeutung der Räume ermöglichen

9 Peters / Schmidt: Animals in the Symbolic World, S. 182; Schmidt: Die megalithischen Kreisanlagen, S. 246; Borić: Theater of Predation, S. 46–47.

10 Diese werden von Schmidt (Sanctuaries of the Stone Age, S. 244–245) als Zwillings- oder Geschwisterpaar gedeutet und zumindest die beiden Pfeiler aus dem Gebäude D werden aufgrund der dargestellten Gürtel als männlich interpretiert.

11 Schmidt: Die megalithischen Kreisanlagen, S. 246–247.

12 Ebd., S. 247.

kann. Peters und Schmidt haben mehrere mögliche Interpretationen zusammengetragen, die im Folgenden kurz vorgestellt werden sollen:[13]

Zum einen werden die dargestellten Tiere als Attributstiere der anthropomorphen außerweltlichen Entitäten verstanden. Sie offenbaren demnach, möglicherweise im Sinne eines ‚Helfertieres', das Wesen der Pfeilergestalten. Peters und Schmidt nehmen an, dass den Tierdarstellungen neben einer generellen Schutzfunktion auch eine Wächterfunktion zukommt, in der sie ihre menschlichen ‚Besitzer' schützen sollen.[14]

Eine andere Interpretation sieht die Tierdarstellungen im Zusammenhang mit Jagd(-ritualen).[15] Hier offenbart sich jedoch eine Diskrepanz zwischen der Häufigkeit der Abbildung eines spezifischen Tieres und der Anzahl der tatsächlichen am Fundort entdeckten Knochen. Am häufigsten dargestellt sind Schlange und Fuchs, gefolgt vom Wildschwein, während in den Tierknochen Auerochse und Gazelle am häufigsten vertreten sind.[16] Eine Jagd war in Wildbeutergesellschaften aber nicht allein eine Maßnahme, um die Kalorienzufuhr einer Gruppe zu gewährleisten. Vielmehr diente sie dazu, sich der übernatürlichen Kräfte, die den gejagten Tieren innewohnten, zu bemächtigen.[17]

Der Fuchs scheint hier eine Mittlerfunktion innezuhaben, da er sowohl in den Darstellungen als auch in den Faunenresten eine prominente Rolle einnimmt. Der Befund wird dahingehend interpretiert, dass

13 Zu kritischen Anmerkungen der Interpretationsgeschichte paläolithischer Höhlenkunst siehe Margaret W. Conkey: Images Without Words: The Construction of Prehistoric Imaginaries for Definitions of 'Us'. In: *Journal of Visual Culture* 9,3 (2010), S. 272–283. Diese Gedanken lassen sich auch auf die Darstellungen in Göbekli Tepe und an zeitgleichen Fundorten übertragen.

14 Peters / Schmidt: Animals in the Symbolic World, S. 208.

15 Der wichtigste Vertreter zur Deutung insbesondere paläolithischer Höhlenmalereien zum Zwecke der sympathetischen Jagdmagie ist Henri Breuil: *Four Hundred Centuries of Cave Art*. Montignac: Centre d'Etudes et Documentation Préhistoriques 1952.

16 Peters / Schmidt: Animals in the Symbolic World; Caroline Lang / Joris Peters / Nadja Pöllath / Klaus Schmidt / Gisela Grupe: Gazelle Behaviour and Human Presence at Early Neolithic Göbekli Tepe, South-East Anatolia. In: *World Archaeology* 45,3 (2013), S. 410–429.

17 David Lewis-Williams: Constructing a Cosmos: Architecture, Power and Domestication at Çatalhöyük. In: *Journal of Social Archaeology* 4,1 (2004), S. 28–59, hier S. 40–41.

Abb. 3
Darstellung eines Gürtels und Lendenschurzes aus Fuchsfell, auf einem der Zwillingspfeiler in Rundbau D.

der Fuchs hauptsächlich wegen seines Pelzes und der Zähne gejagt wurde.[18] Unterstützung findet diese Annahme durch die Reliefdarstellungen auf den Zentralpfeilern in Anlage D. Hier zeigt sich, dass die T-Pfeiler unter den dargestellten menschlichen Händen einen Gürtel tragen, von dem ein Lendenschurz herabhängt. Dieser Lendenschurz besteht vermutlich aus dem Fell eines Fuchses (Abb. 3).

Knochen, die aus dem Verfüllschutt der Rundbauten stammen, werden im Jagdzusammenhang und der Nahrungszubereitung interpretiert.[19] Kleinere Knochen und beispielsweise Gräten konnten jedoch nur geringfügig berücksichtigt werden, da nur wenig Material fein ausgesiebt wurde, so dass diese Faunenreste unterrepräsentiert sind. Es konnte archäozoologisch nachgewiesen werden, dass die Gazellen-, Auerochsen- und Wildeselreste auf eine Jagd in den heißen Monaten des Jahres, von der Mitte des Sommers bis in den Herbst, schließen lassen. In den kälteren Monaten ist zumindest die Gazelle in wärmere südliche Gefilde abgewandert. Eine Bejagung zu

18 Peters / Schmidt: Animals in the Symbolic World, S. 208–209.

19 Ebd., S. 207. Die gefundenen Knochenreste zeigen Schnittspuren, die als Hinweis auf Nahrungszubereitung gedeutet werden, die Knochen selbst sollen von nicht domestizierten Tieren, also den Wildformen stammen (vgl. auch Schmidt: Sanctuaries of the Stone Age, S. 242–243).

dieser Zeit des Jahres, in der im Süden (also Nordsyrien) die Wildgetreide und Hülsenfrüchte bereits abgeerntet waren, mag darauf hinweisen, dass die Gruppen den Gazellen nach Norden gefolgt sind. Neben der Jagd auf Gazellen konnten in den Sommermonaten im Anti-Taurus Pistazien und Mandeln geerntet werden. Das Vorkommen der reichen Nahrungsquellen könnte einer der entscheidenden Beweggründe für die Errichtung der saisonal genutzten Fundstelle des Göbekli Tepes gewesen sein.[20] Ein weiteres entscheidendes Kriterium für die Wahl des Ortes war der hier anstehende harte, kristalline und sehr qualitätsvolle Kalkstein, aus dem die baulichen Strukturen und andere Objekte gefertigt worden sind.

Schmidt sieht in dem Fundort ein regionales Zentrum, in dem die Menschen zusammenkamen.[21] Die Arbeit an den Bauten und den Reliefs sowie das gemeinsame Speisen erzeugte einen soziologischen und ideologischen Zusammenhalt der Gruppe.[22] Es soll ein Treffpunkt für unterschiedliche Clans gewesen sein, die jeweils unterschiedliche Totemtiere hatten. Die Darstellung unterschiedlicher Tiere auf ein und demselben T-Pfeiler sei auf eine Vermischung der Clans und der Totemtiere zurückzuführen. Unterstützt wird diese Theorie durch die Funde von Feuersteinartefakten aus unterschiedlichen Regionen, die bislang durch Handels- oder Austauschkontakte interpretiert worden sind.[23]

Weiter oben wurde bereits angedeutet, dass die Tierdarstellungen auch in Zusammenhang mit Schamanismus[24] gedeutet werden.[25] Hier

20 Lang et al.: Gazelle Behaviour.

21 Schmidt: Sanctuaries of the Stone Age, S. 240.

22 O. Dietrich / M. Heun / J. Notroff / K. Schmidt / M. Zarnkow: The Role of Cult and Feasting in the Emergence of Neolithic Communities: New Evidence from Göbeklitepe, South-Eastern Turkey. In: *Antiquity* 86 (2012), S. 674–695.

23 Peters / Schmidt: Animals in the Symbolic World, S. 209–213.

24 Zur Problematik, die Bezeichnung „Schamane" außerhalb des ursprünglich nordeurasischen Kontextes zu verwenden, siehe Neil Price (Hrsg.): *The Archaeology of Shamanism*. London: Routledge 2001; Peter Jordan: *Material Culture and Sacred Landscape: The Anthropology of the Siberian Khatny*. Walnut Creek: Alta Mira Press 2003. Der Einfachheit halber wird der Begriff hier dennoch verwendet.

25 Auch die paläolithischen Höhlenmalereien und Felsbilder werden in ihrem Ursprung als schamanistisch gedeutet. Siehe v. a. David Lewis-Williams: *The Mind in the Cave: Consciousness and the Origins of Art*. London: Thames and Hudson 2002. Zu einer Kritik an Lewis-Williams siehe Grant S. McCall: Add Shamans and Stir? A Critical Review of the Shamanism Model of Forager Rock Art Production. In: *Journal of Anthropological Archaeology* 26,2 (2007), S. 224–233.

ist die These von Peters und Schmidt interessant, die davon ausgeht, dass die dargestellten Tiere auf den T-Pfeilern möglicherweise diejenigen Tiere verkörpern, in die sich ein jeweils durch einen T-Pfeiler repräsentierter Schamane verwandeln konnte, um Kontakt zu den Geistern in der Unterwelt aufnehmen zu können. Die Tierdarstellungen werden hier also als Teil einer Gesamtkonzeption eines Schamanen gedeutet.[26] Ein Gedanke, der weiter unten wieder aufgenommen werden soll.

Schließlich werden die Darstellungen und damit auch die megalithischen Anlagen in Zusammenhang mit Totenritualen gebracht. Hier soll vor allem eine Geierplastik aus dem Schutt diese mögliche Interpretation belegen. Gestützt wird die Theorie durch die Überlegung, dass auch in anderen Kulturen megalithische Anlagen dem Totengedächtnis bestimmt waren.[27] Schmidt deutet die Anlagen vom Göbekli Tepe in letzter Konsequenz „im Dienste der kulturellen Überwindung des Todes".[28]

Bei dieser Interpretation ist interessant, dass die Rundbauten mit ihren Darstellungen für eine wildbeuterisch lebende Humangesellschaft ein in die Zukunft orientiertes Projekt darstellen. Während ihre Lebensweise auf die zyklischen natürlichen Abläufe des Jahreskreises mit dem Wechsel der Jahreszeiten ausgelegt ist, erschaffen sie durch die Bauten eine Permanenz, die dafür bestimmt ist, unerschütterlich auch in der Zukunft zu bestehen.[29] Gleichzeitig schaffen sie damit aber auch eine feste Landmarke, die bei Legitimationsansprüchen auf Land eine wichtige Rolle gespielt haben mag. Angemerkt sei, dass unter den im Verfüllschutt der Rundbauten befindlichen Tierknochen sich auch ebenso fragmentierte und mit Schnittspuren versehene Menschenknochen befanden. Ein kannibalistischer Zusammenhang wird von Schmidt zwar erwähnt, jedoch nicht in Erwägung gezogen, sondern als Resultat eines mehrstufigen Bestattungsritus interpretiert.[30]

26 Peters / Schmidt: Animals in the Symbolic World, S. 213–214.

27 Ebd., S. 214–215.

28 Schmidt: Die megalithischen Kreisanlagen, S. 253.

29 Vgl. dazu Reinhard Bernbeck: Ton, Steine, Permanenz. Erfahrungsraum und Erwartungshorizont in archäologischen Hinterlassenschaften des Alten Orients. In: Hans-Joachim Gehrke / Astrid Möller (Hrsg.): *Vergangenheit und Lebenswelt. Soziale Kommunikation, Traditionsbildung und historisches Bewußtsein.* Tübingen: Narr 1996, S. 79–107.

30 Schmidt: Sanctuaries of the Stone Age, S. 243.

Bestattungen konnten auf dem Göbekli Tepe bislang jedoch nicht nachgewiesen werden.

Die vorgestellten Interpretationen weisen den Tierbildern eine passive und den T-Pfeilern eine dominante, aktive Rolle zu. Ich schlage vor, dass die Tiere und abstrakten Symbole jedoch, ebenso wie die anthropomorphen Gestalten, als Repräsentationen aufzufassen sind. Als permanent anwesende Entitäten, die mit den Anwesenden in wechselseitigem Kontakt stehen – sowohl mit den in den Rundbauten agierenden Menschen als auch untereinander zwischen den Bildern.

Die T-Pfeiler schaffen demnach einen Raum für eine Kommunikation. Diese findet zwischen den anthropomorphen Wesenheiten, den abgebildeten Tieren und enigmatischen Objekten sowie zwischen den anwesenden lebenden Menschen statt. Es ist denkbar, dass in den Raum eingebrachte lebende oder tote Tiere ebenfalls Teil hatten an einem Kommunikationsprozess zwischen der diesseitigen und der jenseitigen Welt.

Eine Möglichkeit wäre, den auf diese Weise gestalteten Raum als umhegten Zugang zum Jenseits/zur Unterwelt zu begreifen, einer anderen Welt, in der numinose menschliche Ahnen ebenso sehr anwesend sind wie Tiergeister, denen in der lebenden Humangesellschaft eine besondere Rolle zukommt.

Der einzige Zugang zu den Rundbauten bestand in den ebenfalls aus Kalkstein gefertigten Türlöchern, von denen einige während der Ausgrabung gefunden worden sind.[31] Dabei ist nicht klar, ob diese Türlöcher tatsächlich als vertikale Zugänge in den Wänden zum Inneren des Raumes bestanden oder als Luke im Dach konstruiert waren. Diese Zugänge waren jedoch so schmal, dass sie nur geduckt oder kriechend passiert werden konnten. Eine ähnliche Beobachtung konnte im neolithischen Çatalhöyük gemacht werden. Hier werden die etwa 70 cm hohen Durchgänge als besondere Schwellen beschrieben, die den Zugang in das Innere von Gebäuden erschweren.[32] Dieser erschwerte Zugang wird mit Karsthöhlen verglichen und kann für einen Initiationsritus wichtig gewesen sein, in dem beispielsweise ein Geburtsvorgang oder ein anderes Ereignis einer Schwellensituation

31 Ebd., S. 250–251.

32 Lewis-Williams: Constructing a Cosmos, S. 32–34.

simuliert werden sollte. Einige dieser Türlöcher vom Göbekli Tepe werden von in Hochrelief dargestellten Tierfiguren, teilweise mit gefletschten Zähnen, bewacht.[33] Hier ist den Figuren wie bereits auf den T-Pfeilern keine abbildende, sondern eine real-repräsentierende Funktion zuzuweisen. Sie waren nicht symbolisch als Wächter gedacht, sie waren de facto die Hüter der Schwelle.

Die vorgeschlagene Interpretation, die Anlagen als Kommunikationsraum oder als virtuelle Unterwelt zu deuten, mit einer eindeutigen Schwellensituation im Bereich des durch zahlreiche Tiergestalten geschützten Türlochs, schließt die von Peters und Schmidt vorgeschlagenen Deutungsmöglichkeiten nicht aus. Jagdmagie kann durchaus in diesem Kontext von einem Schamanen gewirkt worden sein, da er in diesem Raum den Ahnen und Tiergeistern greifbar nahe war. Die Bemerkung von Peters/Schmidt, dass die Räume vermutlich nicht dazu geeignet waren, größere Menschenmengen aufzunehmen, bedeutet, dass sie zugangsbeschränkt gewesen sein müssen. Die Gesichtslosigkeit der T-Pfeiler lässt den Schluss zu, dass hier ein numinoses Ahnenkollektiv oder andere außerweltliche Entitäten versammelt sind.[34] Einschränkend muss jedoch auch festgehalten werden, dass die Angabe spezifischer Merkmale, wie beispielsweise ein Gürtel mit Lendenschurz aus Fuchsfell, durchaus genügend Informationen beinhalten, um eine namentlich bekannte Wesenheit zu repräsentieren. Letztlich muss festgestellt werden, dass ein Bild, wenn es eine Repräsentation darstellt, für den Benutzer keine besondere Ähnlichkeit mit dem lebenden Original benötigt, solange die Darstellung denotativ ist.[35] Es ist also nicht ausgeschlossen, dass die T-Pfeiler verstorbene Schamanen oder andere bedeutende Persönlichkeiten verkörpern, mit denen Zwiesprache gehalten werden konnte. Schamanen können als Bindeglied und Grenzgänger zwischen der Welt der Lebenden und der Welt der Toten und gleichsam zwischen den Welten der Tiere und der Menschen betrachtet werden.[36] Während

33 Schmidt: Sanctuaries of the Stone Age, S. 252.

34 Vgl. dazu auch Lewis-Williams: Constructing a Cosmos, S. 41, zur Interpretation kopfloser Darstellungen als Tote oder Ahnen.

35 Vgl. dazu Dominik Bonatz: Was ist ein Bild im Alten Orient? Aspekte bildlicher Darstellung aus altorientalischer Sicht. In: Marlies Heinz / Dominik Bonatz (Hrsg.): *Bild – Macht – Geschichte. Visuelle Kommunikation im Alten Orient.* Berlin: Reimer 2002, S. 9–20.

36 Lewis-Williams: Constructing a Cosmos, S. 42–45.

der Kontaktaufnahme verfällt der Schamane in eine Trance, die auch als Tod bezeichnet wird. Nur die Schamanen konnten von den Toten zurückkehren, eine Fähigkeit, die ihre besondere Stellung in der Gesellschaft ausmachte.[37] Und nur ein Schamane hatte die Gabe, sich in die Gestalt eines Tieres zu verwandeln. Dieser Weltanschauung liegt eine animistische Ontologie zugrunde,[38] welche auch für die Gesellschaft angenommen werden kann, die für die Rundbauten des Göbekli Tepe verantwortlich ist.

37 Ebd., S. 46–49.

38 Borić: Theater of Predation, S. 52–59.

Spuren im Labyrinth

Juliet MacDonald

Zu Beginn des 20. Jahrhunderts bemühte sich die vergleichende Verhaltensforschung um ihre Etablierung als anerkannte Wissenschaft. Infolge der durchschlagenden Wirkung von Charles Darwins Evolutionstheorie begannen Psycholog_innen damit, den Verstand als ein biologisches Phänomen zu studieren, das sich über Spezies hinweg vergleichen lässt. In den frühen Veröffentlichungen der Disziplin finden sich bei einigen Autor_innen[1] Anhaltspunkte für ein Interesse an den Intelligenzen, Sensibilitäten und Weltsichten anderer Tiere, doch erklärte man das kontrollierte Experiment für exakter als die Beobachtungsmethoden der Naturforschung, die als ‚anekdotisch' und ‚vermenschlichend' erachtet wurden. Während die Versuchsanordnungen und die Laborpraxis der vergleichenden Verhaltensforschung institutionalisiert und standardisiert wurden, begannen zudem behavioristische Theorien die Oberhand zu gewinnen, insbesondere in den USA, und das Verhalten von Tieren wurde zunehmend in objektivierten und mechanistischen Begriffen beschrieben.

Im Folgenden werde ich zwei Texte aus den Jahren 1900 und 1901 analysieren, um einen Faden aufzugreifen, der vom Naturalismus des 19. Jahrhunderts zum Behaviorismus des 20. Jahrhundert führt, und zu zeigen, wie eine bestimmte Versuchsanordnung ausformuliert worden ist. Der Weg, den ich einschlagen werde, ist kein direkter; er beginnt bei den verborgenen, gewundenen Gängen des Baus einer Ratte und endet an der T-Kreuzung eines Labyrinths. Es handelt sich um die Geschichte davon, wie das Schaubild des Heims einer Ratte zur Inspiration für einen Labyrinth-Apparat wurde, der in vielfältigen Formen nachgebaut und adaptiert worden ist, bis die Verbundvorrichtung Ratte-im-Labyrinth zu einem Standardelement der Laborausrüstung wurde. Meine Argumentation zielt darauf, dass der Drang, die kognitiven Fähigkeiten und Lernprozesse verschiedener Spezies zu vergleichen, in einer Form von Apparat resultierte, der die Art und

1 Vgl. z. B. Margaret Floy Washburn: *The Animal Mind. A Text-Book of Comparative Psychology*. New York: Macmillan 1909.

Weise, in der Tiere, insbesondere Ratten, wahrgenommen wurden, massiv einschränkte.

Der Naturforscher und der Bau

An der Wende zum 20. Jahrhundert erschien in der populären US-amerikanischen Zeitschrift *Scribner's Magazine* ein Artikel, in dem der Wildbeobachter Ernest Seton-Thompson seine Begegnung mit einer Ratte erzählte.[2] Seton-Thompson beschreibt eine staubige Landschaft in New Mexico, wo er sich in einem alten Farmhaus aufhielt. Die Vegetation war karg, aber die Gegend von einer Vielzahl an Lebewesen dicht bewohnt. Sein Stil ist erzählend und reich an Details, so dass ein Eindruck des Orts und der Tiere, die dort leben, entsteht. Das umliegende Buschland wird aus ihrer Perspektive vorgestellt, eine pulsierende Welt sowohl in der schriftlichen Schilderung als auch in seinen handgezeichneten Illustrationen. Seton-Thompsons Text gehört einer Tradition des Schreibens von Naturforschern an, die, wie Eileen Crist 1999 ausführt, ein Verständnis von Tieren als Subjekten zeigt, deren Welt Bedeutung hat.[3] Er berichtet, dass er den Staub auf dem Weg jeden Abend so gefegt habe, dass eine glatte Oberfläche für Tierspuren entstand, die er als zu entziffernde Inschriften versteht: „Kein Morgen verging ohne eine Nachricht von den Tieren"[4]. Seton-Thompson positioniert sich selbst als Übersetzer, der kryptische schriftliche Mitteilungen erhält und sie für die Leser_innen von *Scribner's Magazine* in ihren Wohnzimmern dechiffriert.

Ein besonders feines Muster von Abdrücken fasziniert ihn und macht ihn stutzig, und diese Neugier veranlasst ihn, eine Reihe invasiver Handlungen vorzunehmen, die seine offensichtliche Wertschätzung der Tiere um ihn herum zu konterkarieren scheinen. Er rechtfertigt seine Handlungen, indem er auf seine Berufsentscheidung reflektiert,

2 Ernest Seton-Thompson: The Kangaroo Rat. In: *Scribner's magazine* 27 (1900), S. 418–427. Wieder abgedruckt in ders.: *Lives of the Hunted.* Toronto: Morang & Co. 1901.

3 Eileen Crist: *Images of Animals. Anthropomorphism and Animal Mind* Philadelphia: Temple University Press 1999, S. 2. Crist vergleicht die Schreibweise der Naturforscher_innen des 19. Jahrhunderts mit derjenigen späterer Etholog_innen und Soziobiolog_innen und zeigt, dass, während sich neue Methoden des Studiums und der Untersuchung von Tieren entwickelten, ihr Verhalten auf Einzelteile reduziert und in zunehmend mechanistischen und technischen Begriffen beschrieben wurde.

4 Seton-Thompson: The Kangaroo Rat, S. 419.

Abb. 1
Die Weggabelung
Zeichnung von
Ernest Seton-Thompson.

„vor langer Zeit, als meine Seele an die Weggabelung kam“[5], nämlich dem steinigen Pfad der Wissenschaft zu folgen (Abb. 1). Die kleinen Fußabdrücke zum Eingang eines Baus zurückverfolgend, legt er eine Falle aus und fängt den Bewohner, eine „Känguruhratte“.[6] Er sperrt sie in eine mit Metall ausgekleidete Box, um sie genau zu beobachten. Dann holt er einen Spaten herbei, schaufelt die Decke des Baus weg und gräbt das Netzwerk von Gängen im Inneren aus. „Dies mag als eine rücksichtlose Tat erscheinen, aber ich war so begierig, sie besser kennenzulernen, dass ich entschied, ihr Nest dem Tageslicht zu öffnen“[7]. So legt er eine verborgene, unterirdische Welt der Einsichtnahme offen, und indem er dies tut, zerstört er ein Heim. Schließlich kartiert und vermisst er die Tunnelstruktur, um ein Schaubild anzufertigen, „denn Wissenschaft ist Messung, und es war exaktes Wissen, das ich suchte, seitdem ich mich für diesen Weg entschieden hatte“[8] (Abb. 2).

Von der Raffinesse des Baus ist Seton-Thompson tief beeindruckt. Eine zentrale Kammer, die ein mit weichen Federn gepolstertes Nest enthält, ist von einem Gewebe aus scharfkantigen Gräsern umgeben.

5 Seton-Thompson: The Kangaroo Rat, S. 420.

6 Ebd., S. 421.

7 Ebd.

8 Ebd.

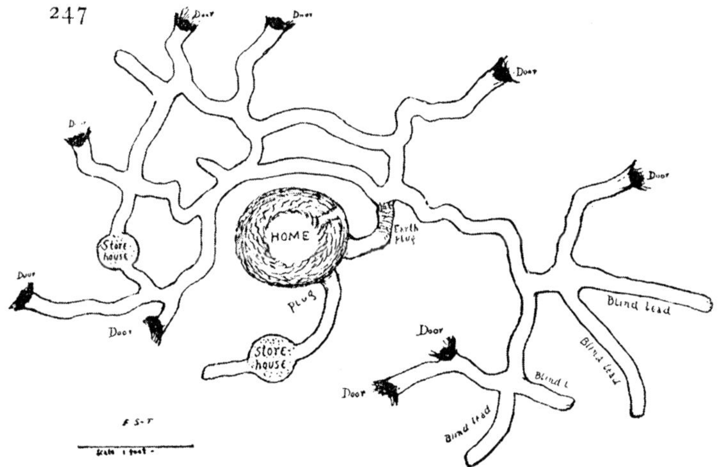

Abb. 2: Karte des Baus der Kängururatte von Ernest Seton-Thompson.

Das Netzwerk umfasst zahlreiche Ausgänge, Querverbindungen, Sackgassen und blockierte Gänge, um Eindringlinge zu verwirren. Zwei weitere Kammern enthalten einen Vorrat an Samen, ausgesucht und sortiert. Im Ganzen wird es als ein gut organisiertes und gut befestigtes Heim präsentiert, das für die Bewohnerin komfortabel ist, mit abgeteilten, geordneten und bestimmten Zwecken zugewiesenen Räumen. Trotz Seton-Thompsons Staunen über und Respekt für die Erbauer_innen einer solchen Behausung, bringt ihn seine selbst auferlegte Rolle als Mann der Wissenschaft dazu, sie aufzugraben, so ihre ‚Geheimnisse' enthüllend, und die Ratte gewaltsam umzusiedeln. Ich möchte das Paradoxe dieser Handlung hervorheben. Um seinen Leser_innen die intelligente Gestaltung der Behausung der Ratte zu zeigen, muss er sie unbewohnbar machen. Dies könnte als Allegorie der Suche angesehen werden, die Intelligenz von Tieren durch interventionistische Praktiken zu verstehen, die damit enden, dass sie aus ihrer Behausung vertriebene Tiere hinterlassen, wie ich weiter verdeutlichen werde.

Der Psychologe und das Labyrinth

Weniger als ein Jahr nachdem Seton-Thompsons Schaubild im Druck erschienen war, wurde es von dem amerikanischen Psychologen Willard S. Small in seinem Bericht über eine experimentelle Studie mit

Ratten zitiert.[9] Small interessierte sich für das Studium des „mentalen Lebens“ und hatte zu dem Thema bereits zwei Aufsätze verfasst. Der erste umfasst detaillierte Aufzeichnungen und beinhaltet einige anekdotische Beobachtungen, während er im zweiten in objektiveren Begriffen schreibt und seine Arbeit offenkundiger in der entstehenden Disziplin der vergleichenden Verhaltensforschung verortet. Small arbeitete in den Laboratorien der Clark University in Worcester, Massachusetts, denen in der Fachgeschichte später eine Pionierfunktion für die Entwicklung experimenteller Methoden zugesprochen wurde,[10] und verwendete seit den 1890er Jahren Ratten für die Forschung (wobei er in Gefangenschaft aufgezogene weiße Ratten wählte, da diese einfacher zu handhaben waren).[11] Seine Texte zeigen ein wachsendes Interesse, durch wiederholbares und verifizierbares Experimentieren wissenschaftliche Genauigkeit zu demonstrieren, obgleich er eine Sorge für die Empfindungen und Intelligenz der Tiere, die er untersuchte, aufrechterhielt. Seinen dritten Aufsatz aus dem Jahre 1901 beschreibt er als „vorrangig eine methodische Studie“[12] und stellt seine Erfindung eines neuen Apparates vor, um die Lernprozesse von Ratten unter kontrollierten Bedingungen zu erforschen: das komplexe Labyrinth (Abb. 3).

Small konstatiert, dass er nicht wünsche, Tiere ungewohnten oder beängstigenden Umwelten zu unterwerfen, und verweist auf Seton-Thompsons Schaubild als Inspiration für seine Vorrichtung:

> [...] es wurde an die Vorliebe der Ratte für verwinkelte Gänge appelliert. Ein kürzlich erschienener Zeitschriftenaufsatz von Herrn Ernest Seton Thompson über die Kängururatte illustriert den radikalen Charakter dieses Wesenszugs der Nager gut. Herr Thompson gibt ein Schaubild des Wohnbaus der Kängururatte, dessen Grundriss eine verblüffende Ähnlichkeit mit demjenigen des in diesen Versuchen verwandten Apparats aufweist. Dies legt nahe, dass die Versuche in einer vertrauten Sprache abgefasst wurden. Nicht nur entsprechen sie

9 Willard S. Small: Experimental Study of the Mental Processes of the Rat II. In: *The American Journal of Psychology* 12,2 (1901), S. 206–239.

10 Carl J. Warden / Thomas N. Jenkins / Lucien H. Warner: *Comparative Psychology. A Comprehensive Treatise.* New York: Ronald Press 1935, S. 38.

11 Vgl. Norman L. Munn: *Handbook of Psychological Research on the Rat. An Introduction to Animal Psychology.* Boston: Houghton Mifflin 1950, S. 2. Small merkt an, dass Albino-Ratten „besonders für Laboruntersuchungen geeignet“ (Willard S. Small: An Experimental Study of the Mental Processes of the Rat. In: *The American Journal of Psychology* 11,2 (1900), S. 133–165, hier S. 133) seien.

12 Small: Experimental Study of the Mental Processes of the Rat II, S. 206.

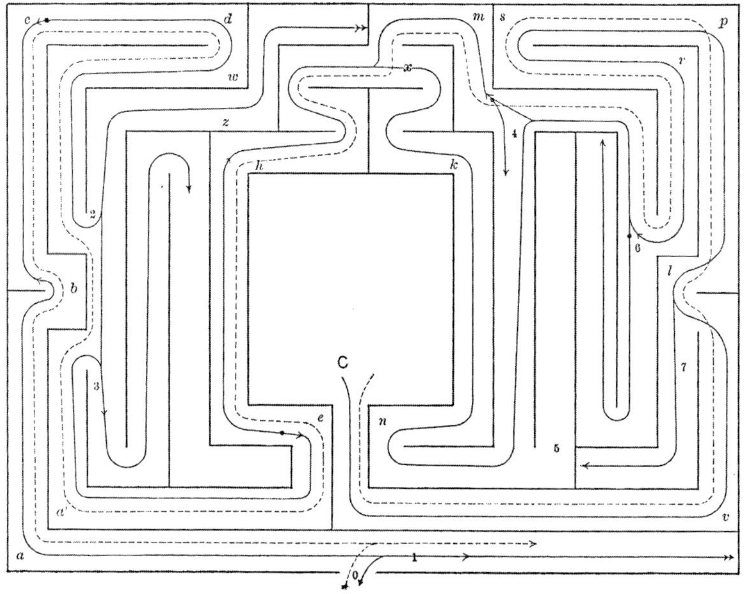

Abb. 3: Schaubild des Hampton Court Labyrinths von Willard S. Small.

> der sensorisch-motorischen Erfahrung der Tiere, sondern sie knüpfen auch an ihren konstruktiven Instinkt hinsichtlich des Baus einer Behausung an.[13]

Entgegen Smalls Beteuerung einer „verblüffenden Ähnlichkeit" offenbart ein Vergleich zwischen dem Bau und dem Labyrinth deutliche Unterschiede sowohl auf der Ebene der Form als auch der Funktion. Während der Bau ein Netzwerk aus gewundenen Gängen ist, wie es beim Graben von Tunneln durch steinige, von Wurzeln durchzogene Erde entstehen kann, handelt es sich beim Labyrinth um eine planmäßige Konstruktion aus Korridoren, die aus Maschendraht empor gebaut sind und sich entlang geometrischer Linien feinsäuberlich ineinander fügen, um einen rechtwinkligen Raum mit maximaler Effizienz auszufüllen. Während der Bau über vielfache Aus- oder Eingänge verfügt, hat das Labyrinth nur einen einzigen, der potentiell blockiert und geschlossen werden kann. Ersterer dient als Versteck, während letzteres als ein zu überwachendes Feld konstruiert ist.

Ein weiteres Zitat in Smalls Aufsatz, aus der *Encyclopaedia Britannica*, gibt einen Anhaltspunkt für seine Assoziation des Baus mit dem

13 Ebd., S. 208.

Labyrinth.[14] Die *Encyclopaedia* beschreibt das Labyrinth der antiken griechischen Mythologie – ein ausgeklügeltes Netzwerk aus unterirdischen Gängen und Kammern, das für Eindringlinge verboten ist (und möglicherweise von Mischwesen bewohnt wird) und durch das man nur navigieren kann, indem man eine Spur oder einen Faden hinter sich zurücklässt. Der Text fährt dann fort mit den „modernen Labyrinthen oder Irrgärten" der europäischen Schlösser.[15] Entworfen, um zu verwirren und zu zerstreuen, repräsentieren diese Labyrinthe eine getrimmte und gelenkte Spielart von Natur, mit Hecken, die geometrischen Plänen folgend gepflanzt sind. Mit dem Übergang vom Labyrinth zum Irrgarten verlässt die *Encyclopaedia* das Dunkel geheimnisvoller unterirdischer Welten wie jenen von Ratten, um auf helle Fußwege hinauszutreten, die vor den Leser_innen in klarer, schaubildhafter Form ausgebreitet werden. Im Interesse eines kontrollierten und regulierten Experimentierens wählte Small die Gestaltung in den Gärten des Hampton Court Palace in England als Grundlage für sein rechteckiges Labyrinth.

Die wesentlichste Ähnlichkeit zwischen Abbildung 2 und 3 ist, dass es sich bei beiden um Schaubilder handelt. Keines von beiden zeigt die Tunnel oder Gänge, wie sie von Innen gesehen werden mögen. Es handelt sich um Grundrisse, welche die Wege und Verzweigungen in zweidimensionaler, schematischer Form wiedergeben. Die Schaubilder sind Mittel des Wissens, Schlüssel zu einem komplexen Set von Beziehungen.[16] Im Gegensatz zu der zeitlichen Erfahrung, seinen Weg zu finden, während man einem Faden oder einer Spur folgen mag, bieten sie einen privilegierten, synoptischen Blick auf die gesamte Anordnung. Damit sind sie potentielle Werkzeuge der Kontrolle. Sie unterscheiden sich in ihrer Bezugsrichtung: Das Schaubild des Baus verweist auf ein zuvor existierendes Phänomen, das im Akt der Kartierung zerstört worden ist, während das Schaubild des Labyrinths in der Zeit nach vorne weist, als Vorlage für zukünftige Nachbildung und Adaption und versehen mit einer Reihe von

14 Labyrinth. In: *The Encylopaedia Britannica: A Dictionary of Arts, Sciences, Literature and General Information.* 11. Aufl. Cambridge: Cambridge University Press 1911, S. 32–34.

15 Ebd., S. 32.

16 Sowohl Seton-Thompson als auch *The Encyclopaedia Britannica* verwenden das Wort Schlüssel. „Zu jeder Gestaltung dieser Art sollte es einen Schlüssel geben" (ebd., S. 33).

Instruktionen in der Form von Maßen und Details für seine dreidimensionale Konstruktion.

Smalls Experimente mit dem Labyrinth wurden kritisiert, weil er den Ratten, die er als „Haustiere“ bezeichnet, erlaubte, nach den Tests im Labyrinth zu bleiben und sich dort häuslich einzurichten: „Die ganze Nacht gehörte ihnen, um das Labyrinth zu erkunden“[17]. Dennoch hatte seine Vorrichtung, trotz der Kritik sowohl an seinen Methoden als auch an seinen Ergebnissen,[18] eine bedeutende Wirkung. Das Labyrinth hatte das Potential, quantitative Daten von dreierlei Art zu liefern: Zeit, die gebraucht wird, um das Labyrinth zu durchqueren, Fehlerquote und zurückgelegte Entfernung, die alle im Verhältnis zur Zahl der Versuche berechnet wurden, in denen ein bestimmtes Tier das Labyrinth durchlief. Dies ermöglichte es den Experimentierenden, numerische Tabellen anzulegen und eine bestimmte Form von Graph aufzuzeichnen: die „Lernkurve“. Konkurrierende Theorien des Lernens konnten so getestet und über Spezies hinweg verglichen werden. Die Lernpsychologie war zu einer Wissenschaft geworden.

Die Verbreitung von Schaubildern

Innerhalb weniger Jahre wurden Modelle des Hampton Court Labyrinths verwendet, um eine Vielzahl anderer Spezies, von Spatzen bis zu Affen, zu testen, wobei sie je nach Größe der darin platzierten Tiere in ihren Ausmaßen angepasst wurden.[19] Bereits 1909 hatte sich die Verwendung von Labyrinthen ausreichend etabliert, um ein 13-seitiges Kapitel über „die Labyrinth-Methode“ in einem frühen Lehrbuch der vergleichenden Verhaltensforschung zu rechtfertigen, in dem auf Labyrinth-Experimente mit Ameisen, Krabben, Flusskrebsen, Fröschen, Fischen, Wasserschildkröten, Hühnern, Tauben, Meerschweinchen und Mäusen verwiesen wurde.[20]

17 Small: Experimental Study of the Mental Processes of the Rat II, S. 209–210.

18 Vgl. z. B. Edward L. Thorndike: Review of Experimental Study of the Mental Processes of the Rat. In: *Psychological Review* 8,6 (1901), S. 643–644, hier S. 643.

19 James P. Porter: A Preliminary Study of the Psychology of the English Sparrow. In: *The American Journal of Psychology* 15,3 (1904), S. 313–346; A. J. Kinnaman: Mental Life of Two Macacus Rhesus Monkeys in Captivity II. In: *The American Journal of Psychology* 13,2 (1902), S. 173–218.

20 Washburn: *The Animal Mind*, S. 219–231. Frühe Versuche mit sehr einfachen Labyrinthen wurden von John Lubbock mit Insekten durchgeführt, aber Smalls komplexes Labyrinth wurde als eine maßgebliche Entwicklung angesehen. Ein Schaubild

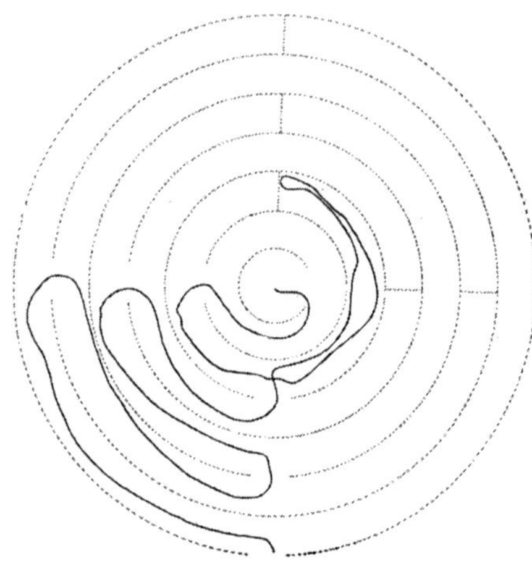

Abb. 4
Nachzeichnung der Route in Watsons kreisförmigem Labyrinth, von Helen B. Hubbert. Die Bildunterschrift lautet: „Tatsächlicher Weg, den Ratte Nr. 26 beim 62. Versuch im Labyrinth gelaufen ist. Zeit: 31 Sekunden; Entfernung: 630,4 cm."

Die raffinierte Geometrie von Smalls Vorrichtung inspirierte vielfältige Nachbauten und Adaptionen, nicht nur in dreidimensionaler Form, sondern auch als Pläne und Schaubilder, die in der wachsenden Zahl akademischer Zeitschriften des Fachs veröffentlicht wurden. Die Lehrbücher des frühen 20. Jahrhundert zeigen Illustrationen und Grundrisse von kreisförmigen Labyrinthen, Labyrinthen aus mehrfachen T-Kreuzungen oder aus mehrfachen U-förmigen Gängen, erhöhte Labyrinthe, elektrifizierte Labyrinthe, Labyrinthe, die gedreht oder gekippt werden konnten, sowie viele rechteckige Ausgestaltungen. In einer Zeit rascher technologischer Veränderung scheinen die Entwürfe von Labyrinthen den Drang nach Innovation widergespiegelt zu haben.

Einer der ersten, der Smalls Gestaltung folgte, war John B. Watson, der 1912 die einflussreiche Theorie des Behaviorismus formuliert hatte, worin er feststellte, dass das einzige geeignete Objekt der psychologischen Untersuchung, bei Menschen oder anderen Tieren, beobachtbares Verhalten sei, „*was der Organismus tut oder sagt*".[21] Es ließe sich argumentieren, dass sich der Labyrinth-Apparat für solch eine externalisierende Sichtweise eignet. Watson entwickelte später

davon erscheint in späteren Auflagen von Washburns Buch und in denen anderer, die über die Gründungsexperimente des Fachs schreiben. Vgl. z. B. Warden / Jenkins / Warner: *Comparative Psychology*, S. 37; Munn: *Handbook of Psychological Research on the Rat*, S. 3.

21 John B. Watson: *Behaviorism*. London: Kegan Paul, Trench, Trubner & Co. 1925, S. 6.

ein aufwendiges kreisförmiges Labyrinth, das an eine Camera lucida angeschlossen war.[22] Ein System aus Spiegeln obenauf projizierte ein Bild der Arena des Labyrinths in eine durch einen Vorhang abgetrennte Kabine, von der aus es einem verborgenen Beobachter möglich war, den Weg der Ratte auf Papier nachzuzeichnen. Im Gegensatz zu anderen Methoden der Aufzeichnung von Spuren (wie etwa rauchbeschichtetes Papier auf dem Labyrinthboden zu platzieren) produzierte diese eine gleichmäßige, ununterbrochene Linie anstatt eines Durcheinanders aus Fußspuren (Abb. 4). Die Route konnte später geglättet und schematisiert werden. Die Fußabdrücke von Ratten, die Seton-Thompson als bedeutungsvolle Inschriften verstanden hatte, wurden so ausgelöscht, und die Bewegungen individueller Körper wurden nur als Spur aus zweiter Hand aufgezeichnet, die zusammen mit denen zahlloser anderer zu messen und zu quantifizieren war.

So wie Labyrinth-Versuche eine immer weitere Verbreitung fanden, wurde die Ratte-im-Labyrinth zu einem Verbund-Apparat und als solcher zu einem Standardelement der Laborausrüstung. Nach der anfänglichen Ausbreitungsphase wurden Labyrinth-Gestaltungen einfacher und bestimmte Formen standardisiert, da von Untersuchungen eine stärkere Systematik und Vergleichbarkeit der Ergebnisse gefordert wurden. Trotz dieser Beschränkung des Apparats nahm jedoch die Vielfalt der Versuche zu und die Zucht von Ratten für experimentelle Zwecke wuchs in den folgenden Jahrzehnten mit atemberaubender Geschwindigkeit. Im Jahr 1937 war der Einsatz von Ratten in Labyrinthen für die Verfahren der experimentellen Psychologie so zentral, dass Edward C. Tolman in seiner Rede an die American Psychological Association die außergewöhnliche und bekannte Aussage traf:

> Ich glaube, dass alles Wichtige in der Psychologie […] im Wesentlichen durch die kontinuierliche experimentelle und theoretische Analyse der Determinierer des Verhaltens von Ratten an einem Entscheidungspunkt in einem Labyrinth erforscht werden kann.[23]

22 John B. Watson: A Circular Maze with a Camera Lucida Attachment. In: *Journal of Animal Behavior* 4,1 (1914), S. 56–59. Vgl. auch seine Verwendung in Helen B. Hubbert: Time Versus Distance in Learning. In: Ebd, S. 60–69.

23 Tolman veröffentlichte die Rede im folgenden Jahr. Edward Chace Tolman: The Determiners of Behavior at a Choice Point. In: *The Psychological Review* 45,1 (1938), S. 1–41, hier S. 34.

In diesem Vortrag reduziert Tolman die Komplexität von Labyrinthen auf einen einfachen Entscheidungspunkt, eine T-Kreuzung (Abb. 5). Die Ratte steht vor der Entscheidung, sich nach links oder rechts zu wenden. Dieses binäre System als Basis verwendend, entwickelt Tolman daraufhin ein Rechenmodell, das in Gleichungen, Diagrammen und Graphen zum Ausdruck kommt. Ratten werden zu Verhalten produzierenden Elementen in einem System, das präzise kontrolliert werden könne, indem bestimmte „Variablen" (z. B. Grad von Hunger oder Durst, Gestaltung des Labyrinths, Alter der Ratten) manipuliert werden. Tolman dreht die ursprünglichen Fragen der vergleichenden Verhaltensforschung um: Anstatt zu fragen, wie Ratten lernen, sieht er Ratten als einen Mechanismus, um jede Variable zu überprüfen, die der Psychologe zu messen wünschen könnte. Einzelne Variablen könnten angepasst werden, während andere in ihrer bestmöglichen Einstellung gehalten werden (z. B. sorgt es für ein maximal produktives Verlangen nach Nahrung, wenn die Ratte nach zwei Tagen Hungern ins Labyrinth gelassen wird).[24] Tolman erwähnt die Wirkung von Medikamenten als nur eine Variable im Informationssystem Ratte-im-Labyrinth. Das Ausmaß der Verwendung von Labyrinthen in späteren Jahrzehnten, um Medikamente zu testen, hätte er womöglich nicht voraussagen können.

Die Ratte im Labyrinth

Der Faden, dem ich in diesem Aufsatz nachgegangen bin, nahm seinen Anfang im Bau einer Ratte in einer abgelegenen Ecke von New Mexico – ausgegraben und kartiert im Namen der Wissenschaft – und führte zu dem Standard-Laborapparat von Ratten in Labyrinthen. Ironischerweise waren die Protagonisten der früheren Phasen dieser Geschichte, Seton-Thompson und Small, an der Weltsicht der Ratten, denen sie begegneten, interessiert und bestrebt, dies durch ihre Handlungen der Offenlegung und Beobachtung evident zu machen. Jedoch wurde, wie ich zu zeigen versucht habe, Smalls Schaubild des Labyrinths, als es zum ersten Mal im Druck erschien, sehr schnell aufgegriffen und aufgrund der Möglichkeiten, die es der neu etablierten Disziplin der vergleichenden Verhaltensforschung bot, reproduziert.

24 Tolman: The Determiners of Behavior at a Choice Point, S. 18.

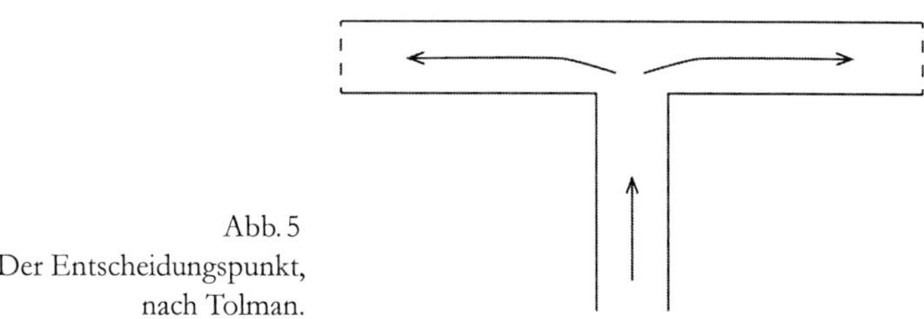

Abb. 5
Der Entscheidungspunkt,
nach Tolman.

In dieser Disziplin war die Logik des Vergleichs grundsätzlich anthropozentrisch. In ihren Tests zu den Unterschieden und Ähnlichkeiten von Spezies bildeten Menschen den primären Referenzpunkt. Einerseits hielt der Nachweis der *Verschiedenheit* von Menschen und anderen Tieren in ihrem kognitiven Vermögen die Mensch-Tier-Unterscheidung auf der Grundlage einer evolutionären Überlegenheit aufrecht. Andererseits zeigten Befunde von *Ähnlichkeit* zwischen Menschen und anderen Tieren den potentiellen Nutzen nichtmenschlicher Tiere als funktionale Modelle in der Erforschung menschlicher Psychologie. Obgleich diese beiden Untersuchungsrichtungen einander in gewissem Sinne widersprechen, war ihr kombinierter epistemologischer Effekt, andere Tiere *entfernt genug* zu positionieren, um die Rücksichtnahme auf sie als ethische Subjekte zu begrenzen, aber auch *nah genug*, um sie als Objekte oder Instrumente der Forschung zu verwenden.

Als der Behaviorismus an Einfluss gewann, wurde Psychologie zunehmend in Begriffen von Mechanismen oder Informationssystemen, die gemessen und prognostiziert werden konnten, präsentiert, und Ratten wurden in hoher Zahl als aufgrund ihrer Größe praktikable Modelle für Menschen in solchen Tests gezüchtet. Der Lernprozess war für Psycholog_innen von besonderem Interesse, und Labyrinthe boten ein beobachtbares Handlungsfeld, in dem Bedingungen kontrolliert, Hypothesen überprüft und quantitative Daten generiert werden konnten. Doch die Psychologie des Labyrinths reicht weiter als sein Gebrauchswert. Der Schöpfer ordnet die komplizierte Gestaltung nach Art eines Zeichners an, als einen Grundriss, und baut vorsätzlich ein Durcheinander von Sackgassen und unübersichtlichen Kurven ein, um die darin gefangene Person, die nur eine Gleichförmigkeit von Wänden und Gängen sieht, zu überlisten. Dem Blick ausgesetzt tastet das Lebewesen im Inneren nach einem Weg und geht denselben wieder zurück. Aber anders als in den Gärten von Hampton Court handelt es sich hier nicht um eine_n freiwillige_n Teilnehmer_in an einem kurzweiligen Spiel. Dringend der Nahrung bedürftig und an jeder Wegbiegung ausgebremst, lernt er oder sie letzten Endes des Meisters Weg. Währenddessen ist für den Macher des Schaubilds aus seiner gottähnlichen Perspektive jede Ecke des Apparats einsichtig.

Nach dem Schock von Darwins Evolutionstheorie wies die Erfindung des Laborlabyrinths den nichtmenschlichen Tieren aufs Neue ihren Platz zu, auf epistemologische Weise, indem die kleinen Körper von Ratten in ausgeklügelt konstruierten, auf Desorientierung angelegten Räumen unter Kontrolle gehalten wurden. Tiere wurden so als Objekte einer externalisierten, losgelösten Beobachtung statt als Subjekte von Erfahrung positioniert. In dieser Geschichte der Vereinnahmung und Objektivierung zahlloser Tierkörper im Interesse konkurrierender Theorien des Lernens werden die Fußabdrücke der Ratten selbst auf verallgemeinerte Spurenaufzeichnungen innerhalb des Schaubilds des Labyrinths reduziert, und letztlich auf nichts weiter als numerische Daten. Dennoch ging die Figur der in einem Labyrinth gefangenen Ratte, die von einem gefühllosen, wissenschaftlichen Blick gemustert wird, in die populäre Vorstellungswelt des 20. Jahrhunderts ein, als ein Opfer der Manipulation durch allwissende Kräfte und deshalb ein Identifikationssubjekt. Dies widerspricht der mechanistischen Sichtweise und zeigt eine Möglichkeit auf, die Beziehungen neu zu durchdenken, die in Laborpraktiken impliziert sind, die lebende Geschöpfe als Ressource verwenden.

Aus dem Englischen von Matthias Naumann

Gehege

Die Koproduktion von Raum und Speziesismus

Eine genealogische Betrachtung räumlicher (An)Ordnungen von Tiergehegen[1]

Andreas Stark

Einleitung

Die zahlreichen geistes- und sozialwissenschaftlichen „turns" des 20. Jahrhunderts haben nahegelegt, auf essentialisierende Auffassungen des Seins zu verzichten. Stattdessen sind Zuschreibungspraktiken in den Blick genommen worden, die die jeweilig vorherrschenden Sinnstiftungen produzieren und reproduzieren. Neben Sprache, Ökonomie oder Wissenschaft zählt zu diesen Praktiken auch Raum („spatial turn"). Räumliche (An)Ordnungen sind Praktiken des Sichtbar- und Unsichtbarmachens, der Lenkung von Blicken, der Verknüpfung von Alltag, Normen oder Funktionen mit Objekten/Subjekten und entsprechend auch der Konstruktion ebendieser. Auch die Mensch-Tier-Grenze verläuft entlang von Raumzuordnungen. ‚Tiere' werden für gewöhnlich der Kategorie ‚Natur' zugeordnet. In dieser Unterscheidung ist bereits die wesentliche Bestimmung des Herrschaftsverhältnisses Speziesismus enthalten: Das bloß Natürliche steht hier hinter der menschlichen Vernunft zurück. Die aufgestellte These behauptet daher, dass die Zuordnung von ‚Tieren' zu sogenannten ‚Naturräumen' aus ihnen erst Naturwesen macht und, obwohl sich Naturverständnisse wandeln, der Modus der Verortung immer wieder die Verknüpfung von ‚Tier' und ‚Natur' herbeiführt. Gleichzeitig wirken die vorhandenen räumlichen (An)Ordnungen auf die Wahrnehmung von nichtmenschlichen Tieren.

Diese Koproduktion soll exemplarisch anhand der Entwicklung von Tiergehegen in Berliner Parks untersucht werden. Wird nun nach dem Zusammenhang von Parks und dem als hegemonial erachteten Mensch-Tier-Verhältnis gefragt, so geschieht das im Anschluss an die erkenntnistheoretische Herangehensweise, die beide als Produkte

1 Andreas Stark reichte im April 2010 seine Diplomarbeit am Geographischen Institut der Humboldt-Universität zu Berlin ein, die sich mit der Koproduktion von Raum und Speziesismus auseinandersetzte. Im Dezember desselben Jahres verstarb Andreas. Um seine Arbeit posthum zu würdigen, übernahmen Anett Laue und Markus Kurth die Kürzung der Arbeit, um sie hier zu veröffentlichen.

andauernder Prozesse gesellschaftlicher Praktiken versteht. Nicht das vermeintlich gegebene Sosein von Parks steht daher im Fokus des Interesses, sondern ihre diskursive und dispositive Hervorbringung. Form und Funktion der Gehege werden genealogisch im Stil einer Dispositivanalyse[2] untersucht; angefangen bei den Menagerien, über zoologische Gärten und Schaugehege bis hin zu den heutigen Varianten der Lehr- und Lerngehege. Die Analyse der Gehegetypen macht die Veränderungen gesellschaftlicher Naturverhältnisse und damit der dort ausgestellten nichtmenschlichen Tiere sichtbar.

Wildparks als frühe Formen der Ausstellung nichtmenschlicher Tiere

Die Einrichtung sogenannter Wildparks reicht bis ins Jahr 1000 v. chr. Z. Nichtmenschliche Tiere waren hier noch nicht primär zum Zwecke der Ausstellung eingesperrt, sondern zur Nahrungssicherung und Jagd, aber auch zur Unterhaltung.[3] Im Mittelalter gab es Wildparks an Burgen und Schlössern und im Italien[4] des 15. Jahrhunderts wurden zahlreiche Villengärten mit Wildgehegen ausgestattet. In Frankreich entwickelten sich dann Jagdparks bzw. Wildgehege in größerer Entfernung zu Schlössern. Nichtmenschliche Tiere wurden folglich nicht bloß in ‚Natur' vorgefunden. Gerade deren Einhegung in Wildparks ist ein Schritt der Verknüpfung nichtmenschlicher Tiere mit ‚Natur'. Einer vermeintlichen Natürlichkeit dieser räumlichen (An)Ordnung steht die unangefochtene Akzeptanz beiseite, dass die Verbindung so als richtig empfunden wurde. Insofern sind Wildparks eine frühe Praxis der räumlichen Zuweisung nichtmenschlicher Tiere zur Sphäre des Natürlichen. Der Einschluss nichtmenschlicher Tiere in Wildparks bei gleichzeitigem Ausschluss bestimmter Bevölkerungsschichten von deren Nutzung ist zugleich auch als Hierarchisierung von Gesellschaft zu lesen.

Wenn Wildparks auch der Unterhaltung und Belustigung dienten, dann sind die Gehege nicht Ausdruck von etwas Gottgegebenem

2 Andrea Bührmann / Werner Schneider: *Vom Diskurs zum Dispositiv. Eine Einführung in die Dispositivanalyse.* Bielefeld: Transcript 2008, S. 16.

3 Vgl. Karen R. Jones / John Wills: *The Invention of the Park. Landscapes from the Garden of Eden to Disney's Magic Kingdom.* Oxford: Polity Press 2005, S. 16.

4 Bei der geographischen Verortung wird auch auf Länder, Staaten oder Nationalitäten zurückgegriffen. Diese haben aber zu der jeweils genannten Zeit noch nicht oder nicht so existiert.

oder ursprünglich Seiendem, sondern gerade Produkt jeweils vorherrschender Interessen und deren Möglichkeiten, wirkmächtig zu werden. Umzäunungen sind die materielle Manifestation des Versuchs der Naturbeherrschung. Mit ihnen lässt sich die Verfügbarkeit über (un)mögliche Nahrungsmittel oder Unterhaltungsobjekte repräsentieren. Und ebenso werden die Eingesperrten auch erst zu Objekten, mit denen sich repräsentieren lässt. Nichtmenschliche Tiere sind nicht deshalb einfach Naturwesen, weil sie in ‚Natur' bzw. in Wäldern vorgefunden wurden, sondern vor allem auch, weil sie dort belassen wurden.

Von der Menagerie zum Landschaftspark

Vorformen der französischen Menagerie sind im Italien des 16. und 17. Jahrhunderts zu finden. Park- und Gartenanlagen wurden dort entweder an Villen angeschlossen oder aus bestehenden Wildparks heraus entwickelt. Die Geometrisierung war hier noch nicht so stark ausgeprägt wie später in französischen Anlagen, aber sie waren schon darauf angelegt durch Mittel der Prachtentfaltung, wie aufwendige Wasserspiele oder Verwendung besonderer und pflegeintensiver Vegetation, Macht- und Herrschaftsansprüche auszudrücken. Die Anlagen von Versailles entstanden als Erweiterung eines Jagdschlosses. Die Einsperrung nichtmenschlicher Tiere in den zum Schloss gehörenden Parks und Gärten war nun allerdings auf ein verändertes Interesse an nichtmenschlichen Tieren zurückzuführen. Im Gegensatz zum Wildpark (wo die Jagd im Vordergrund stand) war hier ihre Ausstellung und Anschauung von Bedeutung. Die Ausgestaltung der Gehege musste daher den Ansprüchen höfischen Lebens entsprechen. Hatten in den Wildparks Bedienstete die nichtmenschlichen Tiere zum König getrieben, standen sie ihm nun in abgegrenzten Käfigen zur Verfügung. In der Regel waren die einzelnen Gatter auf die zentrale Beobachterposition des Herrschers in einem ein- oder zweistöckigen Rundbau ausgerichtet. So ließen sich von einer Stelle aus alle nichtmenschlichen Tiere ansehen, ohne dabei selbst zu ihnen gehen zu müssen. Die Gestaltung der Menagerien nahm somit den Grundriss der sternförmig auf den Herrschersitz zugeschnittenen Gesamtanlage des Schlossparks auf. Auch hier – wie bei Wildparks – verweist die Abgeschlossenheit der Menagerie wie der gesamten Parkanlagen auf den Herrschaftsanspruch des Königs. Menagerien und mit ihnen

die Eingesperrten waren Teil der Park- und Gartenanlagen und folglich in ‚Natur' verortet. Nichtmenschliche Tiere waren dabei jedoch nicht ausschließlich das Inferiore, Minderwertige: Da die Darstellung der eigenen Stärke an die zu bezwingende Stärke der Gegner_innen gebunden ist, galten nichtmenschliche Tiere – vor allem Raubtiere wie Löwen oder Leoparden – als angsteinflößend und stark.
In England verlief die Entwicklung anders: Die Parkgestaltung beruhte nicht auf geradlinigen und straff gegliederten, meist sternförmigen Grundrissen. Als idealer Park galt hier die mit unregelmäßig angeordneten Wegen, Pflanzengruppen oder Wasseranlagen versehene Landschaft, ohne dabei zu behaupten, diese Arrangements wären zufällig entstanden.[5] Der Typ des englischen Parks zeichnete also die Version eines bestimmten Naturalismus, der nicht auf die Ausstattung mit nichtmenschlichen Tieren verzichtete. Die strenge Abgrenzung einer Menagerie als Ausdruck herrschaftlicher Strenge war hier durch Gräben und versteckte Mauern geregelt, die einen freien Blick gewährleisteten. Auf den Prunk französischer Anlagen wurde verzichtet, was sicherlich auch auf das in England etwas früher entwickelte und erstarkende sowie sparsame Bürgertum zurückzuführen ist. Der englische Garten war daher auch Ausdruck einer bürgerlichen Gesellschaftsordnung, die ein Naturverständnis transportierte, das mit Individualität, Gleichheit und Fortschritt verknüpft wurde. Waren die ersten parkähnlichen Anlagen ausschließlich in Privatbesitz, wurden diese später Stück für Stück geöffnet.

Zoologische Gärten – ‚Tiere' für alle

Von „Zoos" wird seit Beginn des 19. Jahrhunderts gesprochen, als die Tierhaltungsanlage im Londoner Regent's Park angelegt wurde. Wurde mit der Menagerie noch die bloße Hierarchisierung von Herrscher und Untergebenen repräsentiert, stehen Zoos für eine funktionale Gliederung von Gesellschaft, die Dienstmädchen, Angestellte, Fabrikanten oder Soldaten kennt und jene hierarchisiert. Bis zum 16. und 17. Jahrhundert wurde kaum Kritik an der Gefangennahme nichtmenschlicher Tiere geäußert. Kritik wurde erst im 18. Jahrhundert durch zivilisationskritische Publikationen vorgetragen.[6]

5 Vgl. Jones / Will: *The Invention of the Park*, S. 26.

6 Vgl. Éric Baratay / Elisabeth Hardouin-Fugier: *Zoo. Von der Menagerie zum Tierpark*. Berlin: Wagenbach 2000, S. 168.

Prinzipiell richtete sich diese Kritik aber weder gegen die Art und Weise der Einsperrung nichtmenschlicher Tiere noch gegen die Einsperrung an sich, sondern transportierte die Idee einer gereifteren und vernünftigeren menschlichen Gesellschaft, der lediglich alte überkommene Regierungspraktiken anhafteten.
Zoologische Gärten als Bildungseinrichtungen zu begreifen, wurde erst gegen Ende des 19. Jahrhunderts populär. Anders verhielt es sich mit Forschungsinteressen. Der erleichterte Zugriff auf nichtmenschliche Tiere durch die im Vergleich zu Menagerien zugänglicheren Zoos macht jene zu wichtigen Informationsträgern naturwissenschaftlicher Erkenntnisse. Die Behauptung, der Zoo hätte einen wissenschaftlichen Nutzen, wurde auch von anderen gesellschaftlichen Gruppen akzeptiert, denn mit ihrer impliziten Forderung nach Wissen und rationaler Nutzung theoretisierte und rechtfertigte sie den Anspruch der Eliten – und später der gesamten europäischen Gesellschaft – auf Aneignung und Inventarisierung der Welt. Die Tiergärten galten also als symbolische und zugleich praktische Schaufenster und Instrumente dieser Herrschaft.[7]
Zoos als Mittel der Erlernung eines respektvollen Umgangs mit nichtmenschlichen Tieren zu begreifen, war noch zu Beginn des 20. Jahrhunderts bestenfalls zweitrangiges Thema. Erst ab etwa den 1940er Jahren wurde dieses Thema relevant. Damit verschob sich auch das Interesse gegenüber nichtmenschlichen Tieren in Zoos. Nicht mehr ‚ihre' Wildheit war der primäre Fokus der Anschauung, sondern ein individualisierter, respektvoller und freundschaftlicher Blick.[8] An dieser Veränderung sind u. a. neue Medien wie Kino und Fernsehen beteiligt, die nichtmenschliche Tiere lebendig in ‚ihren' Lebensräumen[9] zeigen oder neue wissenschaftliche Disziplinen wie Ethologie oder Tierpsychologie bzw. neue Erkenntnisse in etablierteren Disziplinen wie der klassischen Zoologie. Hinzu kamen verbesserte Lebensbedingungen vieler Menschen, die sich vor allem ab den 1960er Jahren im Bereich des Wohnens bemerkbar machten und die Behausungen nichtmenschlicher Tiere weniger akzeptabel erscheinen

7 Vgl. ebd., S. 133.

8 Vgl. ebd., S. 186.

9 Von ‚ihren' Lebensräumen zu sprechen ist problematisch, weil diese Denkfigur nichtmenschliche Tiere auf bestimmte Territorien festlegt, ohne die Möglichkeit einzubeziehen, dass sie auch andere Räume auswählen oder sich in anderen Räumen Lebensmöglichkeiten schaffen können.

ließen. Mit der aufkommenden Ökologieproblematik erfährt die Ausstellung nichtmenschlicher Tiere durch die Idee des Artenschutzes nochmals eine Veränderung. Übersehen wird in der Regel, dass zoologische Einrichtungen ihren Teil zu dieser Problematik beigetragen haben. Schon gegen Ende des 19. Jahrhunderts war vielen Tierhändlern klar, dass der Bedarf der Zoos nach neuen nichtmenschlichen Tieren nur unter immer größerem Aufwand gedeckt werden konnte. Die hohe Nachfrage bei sinkendem Angebot und die steigende Regulierung der Märkte für den Handel sind eher als Motivation für Artenschutzkonzepte zu begreifen, als das Eintreten für die Interessen nichtmenschlicher Tiere.[10] Außerdem setzen Artenschutzkonzepte oftmals koloniale Vorstellungen einer vermeintlichen Inferiorität der Menschen in den (ehemaligen) Kolonien fort, indem ihnen u. a. abgesprochen wird, in der Lage zu sein, die verhandelten Probleme eines Biodiversitätsverlustes zu lösen.

Beispiele für die Verortung nichtmenschlicher Tiere in Berlin: Die Schaugehege Viktoriapark, Volkspark Rehberge und Britzer Garten

Als Schaugehege sind solche Formen zu bezeichnen, die durch Zäune abgeschlossen sind und in der Regel wenig mehr ausstellen als die Eingesperrten nebst Unterstellmöglichkeiten und Essstellen. Die Gehege erwecken den Eindruck, als wäre ein Teil des Parks schlicht eingezäunt worden. Informationsangebote über die nichtmenschlichen Tiere sind nur selten zu finden und wenn, dann auch nur von spärlichem Umfang. Fütterungen sind überwiegend verboten, werden aber toleriert. Haptischer Kontakt zu den nichtmenschlichen Tieren ist höchstens durch oder über die Absperrungen hinweg möglich.

Auf dem heutigen Gelände des Viktoriaparks wurde 1825 ein Tivoli errichtet. Die Anlage des Parks erfolgte ab 1888. Die vorhandenen Dokumente datieren den Beginn der Tierhaltung auf das Jahr 1925 mit dem Aussetzen eines jungen Rehs.[11] Erst 1930/31 waren die

10 Nebenbei bemerkt bezieht sich Artenschutz nicht auf Individuen, sondern auf homogenisierte Gruppen von Individuen. Deren Verortung als Teil von Ökosystemen lässt sie nur so sichtbar werden. Zoos erzeugen mit Individualisierungsstrategien wie beispielsweise der Namensgebung (Knut, Wölkchen etc.) jedoch den Effekt, als stünde ein Einzelwesen im Fokus.

11 Vgl. Rike Fischer: *Auf dem Gipfel von Berlin. Ein Spaziergang durch den Viktoriapark in Kreuzberg*. Berlin: Bezirksmuseum Friedrichshain-Kreuzberg 2007, S. 70.

wesentlichen Baumaßnahmen der Parkanlagen abgeschlossen. Motiviert wurde der Bau des Parks nebst Gehege durch die Wichtigkeit, „der Großstadtbevölkerung in Bezug auf Pflanzen- und Tierwelt lehrreiche Beispiele zu zeigen, um Natur- und Heimatschutz zu fördern, gleichzeitig den Schulen Lehrobjekte zu bieten“[12]. Gegen Ende des Zweiten Weltkrieges waren nahezu alle nichtmenschlichen Tiere aufgrund mangelnder Versorgung tot. Die Neueinrichtung des Geheges erfolgte ab 1953.

Der Bau des Volksparks Rehberge wurde in den Jahren 1926–29 als Teil eines staatlich geförderten Arbeitsprogramms realisiert. Die Gehege wurden erst 1952 – also in der bereits bestehenden Anlage – errichtet.[13] Der Name des Parks geht tatsächlich auf „Reh“ zurück. Fester Bestandteil des Parks wurden Rehe aber erst später. Eine Motivation für die Haltung nichtmenschlicher Tiere führt Franz Affeld aus: „In den Rehbergen aber wird es [das Reh] traditionsgemäß gepflegt, weil, wie die Chronik berichtet, in diesem Gelände das Reh früher heimisch war. Aber auch Damwild war hier schon in freier Wildbahn vorhanden“[14]. Es steht demnach überhaupt nicht zur Diskussion, wer wo verortet wird. Nichtmenschliche Tiere gehören zum Gebiet des Volkparks Rehberge, ‚weil das schon immer so war‘. Der Park würde also einen ehemals existierenden Zusammenhang von Raum und nichtmenschlichen Tieren fortführen.

Der Britzer Garten ist jünger. Er wurde 1985 für die Bundesgartenschau angelegt. Gleich am Eingang (Mohriner Allee) weist eine Infotafel darauf hin, dass der Britzer Garten „Einblicke in die Natur“ ermöglicht, womit Vegetation wie nichtmenschliche Tiere gemeint sind. Dabei bietet der Park ebenso „Einblicke“ in ‚Kultur‘, nämlich die der Landschaftsgestaltung westlich-kapitalistischer Staaten in den 1980er Jahren. Die Gehege sind typischerweise mit Natursteinen und Holzschuppen drapiert und neben einem Spielplatz gelegen. Das Konzept der Gartenanlage wird in den an die Architekt_innen und Planer_innen gestellten Anforderungen deutlich. „Der Park soll seinen Erlebniswert insbesondere finden, in der Möglichkeit

12 Ebd.

13 Vgl. Bezirksamt Wedding (Hrsg.): *Jahresbericht 1952*. Berlin: o.V. 1952, S. 61.

14 Franz Affeld: *Der Volkspark Rehberge*. Berlin: Landesstelle für Naturschutz und Landschaftspflege 1962, S. 26.

zu Natur- und Landschaftserleben“[15]. Das für die Durchführung des Vorhabens erstellte Gutachten weist auf die Möglichkeit einer Einbettung des künftigen Parks in die vorhandene Landschaft hin.[16] In dieser Prüfung inbegriffen ist auch die Ausstellung traditioneller ‚Nutztier‘-Arten. Die nach der Bundesgartenschau zu erfüllenden Aufgaben der Parkanlage werden wie folgt beschrieben:

> Das Interesse und Verständnis für die Erhaltung der Natur und damit auch der natürlichen Lebensgrundlagen des Menschen zu fördern, gehört heute zu den wesentlichsten Aufgaben unserer Gesellschaft […]. Umweltbewusstsein lässt sich dabei am besten über den Umgang mit Pflanzen und Tieren sowie das Begreifen ökologischer Zusammenhänge sinnvoll entwickeln.[17]

Damit formulieren die Parkbetreiber_innen Motivationen, die bereits Imperative ökologischer Belange transportieren. Die Ausstellung nichtmenschlicher Tiere muss aber noch zu den herkömmlichen Formen des bloßen Anschauens gezählt werden.

Gegenwärtige Kontroversen um die Schaugehege befassen sich mit der Größe der Gehege oder der Tötung der nichtmenschlichen Tiere durch diejenigen, die eigentlich für die Pflege der Eingesperrten zuständig sind. Beispielsweise töteten Mitarbeiter_innen des Bezirksamtes im Viktoriapark 2001 mehrere Gänse, Enten und Hühner für den eigenen Verzehr.[18] Beide Auseinandersetzungen haben nichts mit einer Infragestellung der Zuweisung nichtmenschlicher Tiere zu ‚Natur‘ zu tun. Deshalb kann diese als Selbstverständlichkeit angenommen werden. Die Berliner Gehege lassen sich aber nicht auf zoologische Gartenanlagen oder Menagerien zurückführen. So entstand das Gehege im Viktoriapark wie gesagt mit dem Aussetzen eines jungen Rehs erst 1925, das Gehege im Volkspark Rehberge erst in den 1950er Jahren. Die These, nichtmenschliche Tiere würden in der Sphäre der ‚Natur‘ verortet, kann damit erhärtet werden, bestehen

15 Dietrich von Beulewitz / Claus Hömberg / Inge Maas / Hildebrand Machleidt: Erholungspark Massiner Weg. Gutachten. In: Brigitte Cassirer (Hrsg.): *Landschaftsplanerischer Ideenwettbewerb Erholungspark Massiner Weg, Bundesgartenschau 1985*. Berlin: Senat für Bau- und Wohnungswesen 1978, S. 1–124, hier S. 28.

16 Vgl. ebd., S. 44.

17 Ursula Müller: *Freilandlabor Buga: Lernort Natur im Buga-Park*. Berlin: Förderverein Freilandlabor Buga 1988, S. 3.

18 Vgl. Michael Prellberg: Aus dem Gehege frisch auf den Tisch. In: *Berliner Zeitung*, 17.01.2001. http://www.berliner-zeitung.de/archiv/mitarbeiter-des-bezirksamts-haben-sich-gaense--enten-und-huehner-vom-viktoriapark-munden-lassen-aus-dem-gehege-frisch-auf-den-tisch,10810590,9868984.html (Zugriff am 21.07.2014).

die Parks doch schon vor der Einrichtung der Gehege. Erstaunlich ist trotzdem die Art der Zurschaustellung, da es sich bei diesem Typ um reine Schaugehege handelt. Die mit Zoos populär gewordenen Motive für die Präsentation nichtmenschlicher Tiere – also der Bildung und Forschung sowie später des Artenschutzes – spielen in diesem Rahmen keine Rolle. Insofern knüpfen diese Haltungsformen an diejenigen der Menagerien an, wenn auch unter anderen gesellschaftspolitischen Vorzeichen. Das Vergnügen an nichtmenschlichen Tieren ist nicht mehr das Privileg Weniger, sondern Bestandteil einer verallgemeinerten, demokratisierten Freizeitkultur.
Neben der Verortung nichtmenschlicher Tiere in ‚Natur' ist auch die Ausstattung der Gehege selbst interessant. In der Regel sind dort Einrichtungen zu finden, die Behausungen (Schuppen, Unterstände) darstellen sollen. Diese dienen wohl zur Verdeutlichung, dass sich Menschen gut um die Eingesperrten kümmerten; ihnen ‚Wohnraum' zur Verfügung stellten. Die Art und Weise der ‚Behausungen' sagen auch etwas über die Verortung der nichtmenschlichen Tiere aus. Die Bauten sind nahezu ausschließlich hölzerne Konstruktionen. Dieser Werkstoff symbolisiert Naturnähe und gleichzeitig eine gewisse Derb- und Wildheit, da die Bauten stets Spuren von Verwitterung aufweisen. Die Ausstattung von Park- und Gartenanlagen ist für deren Verständnis also äußerst relevant.[19]
Der über diese Gehege produzierte Text, mit dem hier auch gearbeitet wird, ist ein anderes Element. Auch wenn der Text bereits Bilder und Sichtbarkeiten herstellt, ist er erst zusammen mit den Gehegen als bereits bestehende sichtbare Vergegenständlichungen verstehbar. Die Gehege tragen ihren Teil zum Verständnis des Textes bei. Die Verknüpfung von ‚Natur' und nichtmenschlichen Tieren wird durch den Konnex von Gehege und Park auf einer sichtbaren Ebene vorgenommen, ohne dabei notwendigerweise auf weitere Begründungen angewiesen zu sein. Daran zeigt sich ein weiteres Mal, dass nichtmenschliche Tiere nicht nur in ‚Natur' verortet werden, sondern diese Verortung gleichzeitig naturgegeben erscheint.
Die Verbindung, wie sie zwischen Wildparks, Menagerien und dann Zoologischen Gärten herstellbar ist, trifft auf Schaugehege nicht

19 Vgl. Andrea Siegmund: Die Vieldeutigkeit der Bilder im Landschaftsgarten. In: Thomas Kirchhoff / Ludwig Trepl (Hrsg.): *Vieldeutige Natur. Landschaft, Wildnis und Ökosystem als kulturgeschichtliche Phänomene.* Bielefeld: Transcript 2009, S. 163–177, hier S. 164.

zu. Zwar sind auch Schaugehege Teil einer Erholungsinszenierung. Darüber hinaus befinden sich die Schaugehege einerseits der Funktion nach auf dem Niveau der (nun demokratisierten) Menagerien, die auch lediglich der Ausstellung nichtmenschlicher Tiere dienten. Andererseits werden einige Gehege als dritte Tiergärten (neben dem „Zoologischen Garten" und dem „Tierpark") oder Minizoos bezeichnet.[20] Schaugehege sind demnach die kleine Variante der ‚großen' zoologischen Einrichtungen.

Lehr- und Lerngehege am Beispiel der Hasenheide

Lehr- und Lerngehege sind solche Einrichtungen, die neben der Erholungs- und Vergnügungsfunktion für die Parkbesucher_innen auch Aspekte naturwissenschaftlicher Bildung und praktischem Tätigsein vermitteln wollen. Die vorwiegend für Kinder und Jugendliche gedachten Angebote sollen direkte Erfahrungen und Erlebnisse ermöglichen. Dieser Gehegetyp ist deshalb begehbar und umfasst in der Regel neben Behausungen für nichtmenschliche Tiere auch Wirtschafts- sowie Versammlungsgebäude.

Der Name Hasenheide leitet sich ab von einem ehemaligen Jagdgebiet, welches seit Ende des 17. Jahrhunderts bestand. Die Hasenheide war vielfältigen Neu- und Umnutzungen unterworfen. In den ersten Jahren des 19. Jahrhunderts wurden Teile der Hasenheide von F.L. Jahn als öffentlicher Sportplatz verwendet. Ab etwa 1850 entwickelte sich in der Hasenheide ein Vergnügungspark, die „Neue Welt", welcher zu einem der beliebtesten Berliner Ausflugsziele der Jahrhundertwende wurde[21] und wie viele andere Vergnügungsparks dieser Zeit mit einem Hippodrom als Attraktion aufwarten konnte. 1954 wurde im nördlichen Teil des Parks ein Tiergehege angelegt,[22] welches in Anbetracht der zeitlichen Übereinstimmung mit anderen Gehegegründungen sicherlich als Schaugehege zu bezeichnen ist. Der Typus des gegenwärtigen Geheges existiert erst seit etwa 2007. Nach

20 Vgl. Anne Vorbringer / Claudia Fuchs: Umsonst und draußen. Um Tiere zu sehen, muss man nicht in den Zoo oder den Tierpark gehen. In: *Berliner Zeitung*, 16.05.2009. http://www.berliner-zeitung.de/archiv/um-tiere-zu-sehen--muss-man-nicht-in-den-zoo-oder-den-tierpark-gehen-umsonst-und-draussen,10810590,10640236.html (Zugriff am 20.08.2014).

21 Vgl. Claudia Puttkammer / Sacha Szabo: *Gruß aus dem Luna-Park. Eine Archäologie des Vergnügens*. Berlin: wzb 2007, S. 29.

22 Bezirksamt Neukölln (Hrsg.): *Verwaltungsbericht 1954*. Berlin: o. V. 1954, S. 31.

Umbauarbeiten ist es nicht mehr den Schau-, sondern den Lehr- und Lerngehegen zuzuordnen und vollzieht damit eine Ausrichtung hin zu als zeitgemäß geltenden Ausstellungsformen nichtmenschlicher Tiere. Politisch trägt das Gehege auch die Aufgabe, für mehr Interesse bei Familien zu werben, indem Aktivitäten wie Reiten, Kutschfahrten oder Naturlehrpfad-Wanderungen angeboten werden. Da die Hasenheide mit der Problematik des Drogenhandels verbunden wird, sollen die durch das Gehege möglichen Freizeitvergnügungen zur Verdrängung der Rauschgifthändler_innen beitragen.[23] In diesem Rahmen ist eine interessante Verschiebung des Tierbildes wahrnehmbar: Auf dem Rücken gezähmter nichtmenschlicher Tiere soll gegen diejenigen vorgegangen werden, die die (bürgerliche) Ordnung des Parklebens stören. Nicht mehr durch die Ausstellung des ‚Wilden' – also der nichtmenschlichen Tiere – ist das Gehege motiviert, sondern das gute Naturwesen ‚Tier' wird zur Begleitung gegen das Wilde, Ungeordnete, Ungewöhnliche – gegen die „Drogendealer_innen" – eingesetzt.
Die Umwandlung des Geheges in der Hasenheide von einem Schaugehege in ein Lehr- und Lerngehege ist daher einer der aktuellen Fälle im Prozess der Veränderung der Gehegetypen. Diese Veränderung hängt sicherlich eng mit dem Aufkommen des Umwelt- und Naturschutzdiskurses seit den 1970/80er Jahren zusammen. U. a. deshalb sind die zuletzt entstandenen Gehege vor allem auch Bildungseinrichtungen. Sie sollen Wissen über ökologische Zusammenhänge vermitteln und so zu einer Erziehung, die Umweltschutz als Selbstverständlichkeit erachtet, beitragen.

Zusammenfassung

Es wird deutlich, dass nichtmenschliche Tiere ganz sicher nicht bloß Teil von Verräumlichungen sind, die ‚schon immer so waren'. Die Gehege sind Produktionen der jeweiligen gesellschaftlichen Verhältnisse. Die Verräumlichung nichtmenschlicher Tiere in Gehegen hat sich also historisch im Zusammenhang mit den jeweils hegemonialen Sinnstiftungspraktiken gewandelt.[24] Die gegenwärtige Entwicklung

23 Katrin Lange: Tiere sollen Dealer aus der Hasenheide vertreiben. Gehege in Grünanlage wird zum Lernzoo. In: *Die Welt*, 08.01.2008. http://www.welt.de/welt_print/article1544789/Tiere-sollen-Dealer-aus-der-Hasenheide-vertreiben.html (Zugriff am 20.08.2014).

24 Vgl. Sarah Whatmore: *Hybrid Geographies. Natures, Cultures, Spaces*. London: Sage 2002, S. 14.

versucht sich an demokratischen Idealen eines offenen Zugangs zu nichtmenschlichen Tieren und der Erzeugung von Verständnis für natürliche Zusammenhänge. Mit den ersten Zoos wurde hingegen versucht, eine taxonomische Gliederung der Tierwelt darzustellen. Aber auch diese Einrichtungen orientieren sich zunehmend an ökologischen Zusammenhängen und präsentieren nichtmenschliche Tiere innerhalb einer ökologischen Ordnung. „Biopark" oder „Immersionszoo", die wie die Lehr- und Lerngehege nichtmenschliche Tiere zum Anfassen und Streicheln ‚anbieten', sind dafür die gegenwärtig verwendeten Begriffe.
Die Entwicklung der Berliner Gehegetypen zeigt, dass die Stadt bis zur Einrichtung des Zoos ab den 1840er Jahren durchaus das (west) europäische Muster der Ausstellung nichtmenschlicher Tiere aufweist. Der heutige Park „Tiergarten" beispielsweise ist ein ehemaliger Wildpark, an den ein Zoo angegliedert wurde. Tierhaltung in Form von Volieren in den Gartenanlagen der zahlreichen Schlösser hat es im Umfeld der Berliner Stadtentwicklung auch gegeben.[25] Die Entwicklung der Schaugehege (und auch der Lehr- und Lerngehege) in Berlin zeigt deutlich, dass nichtmenschliche Tiere in bestehende Naturarrangements – die Parks – integriert worden sind. Es waren überwiegend die 1950er Jahre, in denen Schaugehege angelegt werden, und es waren bereits bestehende Parkanlagen, die als Orte dafür gewählt wurden. Gleichzeitig kann diese räumliche (An)Ordnung auf die existierende Verknüpfung von ‚Natur' und nichtmenschlichen Tieren zurückgeführt werden, da ein Motiv der Schaffung von Gehegen auf eben diesem Konnex beruht und ihn dadurch erneuert. In jedem Fall jedoch stehen Menschen als erkennende, systematisierende, klassifizierende Subjekte den Objekten (nichtmenschliche Tiere) ihres Interesses gegenüber. Jeder Gehegetyp transportiert mit der Zuweisung nichtmenschlicher Tiere zu ‚ihren' vermeintlichen Lebensräumen – auf die je für sich zutreffende Weise – die Idee einer geordneten Welt. Die nichtmenschlichen Tiere der absolutistischen Menagerie sind Teil einer göttlichen Hierarchie, während sich zoologische Gärten an einer evolutionären Stufenleiter und später dann an ökologischen Zusammenhängen orientieren. Aber immer sind alle ‚an ihrem Platz'. Eine weitere Gemeinsamkeit der Verräumlichungsprozesse

25 Vgl. Folkwin Wendland: *Berlins Gärten und Parke.* Frankfurt am Main: Propyläen 1979, S. 252; Georg Piltz: *Schlösser und Gärten um Berlin.* Leipzig: Seemann 1968, S. 49.

nichtmenschlicher Tiere ist die reproduzierte Einsperrung dieser, mittels derer sie zu frei verfügbaren Objekten gemacht werden.
In Bezug auf die Strukturmerkmale des hegemonialen Mensch-Tier-Verhältnisses zeigt sich, dass das Muster der Verortung nichtmenschlicher Tiere in der Sphäre des Natürlichen fester Bestandteil eines Mensch-Tier-Dispositivs ist. Jedoch wurde auch aufgezeigt, dass sich in Abhängigkeit des jeweils vorherrschenden gesellschaftlichen Kontextes Veränderungen ereigneten. Die Annahme einer statischen Dichotomisierung von ‚Natur' und ‚Kultur' oder von nichtmenschlichen Tieren und Menschen muss daher überprüft werden. Die unterschiedlichen Modi der räumlichen (An)Ordnung nichtmenschlicher Tiere zwingen förmlich dazu, Mensch-Tier-Verhältnisse dynamisch zu denken, ohne dabei das Schema binärer Codierungen aufzugeben. Das zeigt nicht zuletzt das gleichzeitige Vorhandensein differenter Gehegetypen: Zoologische Gärten, Schau- sowie Lehr- und Lerngehege. Donna Haraways Diktum, dass sich Grenzen verschieben, aber immer so gezogen werden, dass sie als natürlich erscheinen,[26] trifft auf den Prozess der räumlichen (An)Ordnung nichtmenschlicher Tiere in Naturarrangements bzw. Parks zu. Eine strikte Zuordnung nichtmenschlicher Tiere zu ‚Natur' kann (und soll) damit aber nicht begründet werden. Schließlich ist es ebenso der gesellschaftliche Kontext, der Menschen dazu verleitet, über Tierbefreiung und damit über diese Verknüpfung nachzudenken. So sind räumliche (An) Ordnungen sowohl an der Reproduktion hegemonialer Vorstellungen beteiligt als auch an deren Infragestellung.
Auseinandersetzungen mit Konstruktionen räumlicher Konstellationen ermöglichen es, Sichtbarkeiten auch sichtbar zu machen, sie als politische Elemente darzustellen. Dispositive sind Ordnungsschemata und gleichzeitig prekär. Sie sind Antworten auf einen Notstand, der die durch das Dispositiv arrangierten Elemente als bewegliche Elemente konstituiert. Sollen also bestehende Praktiken der Schließung und Festschreibung gesellschaftlicher – und damit gestaltbarer – Verhältnisse (wieder)belebt werden, hieße das zu prekarisieren; einen Notstand herbeizuführen, der die dispositiven Geflechte aus Sprache, Wissenschaft oder eben Raum anders verknüpft. Daher kann es aus

26 Vgl. Donna Haraway: Primatologie ist Politik mit anderen Mittel. In: Barbara Orland / Elvira Scheich (Hrsg): *Das Geschlecht der Natur.* Frankfurt am Main: Suhrkamp 1995, S. 136–198, hier S. 136.

Sicht der Tierbefreiung nicht darum gehen, ein bestimmtes Tierbild zu entwickeln.[27] Stattdessen sind Vorstellungen nichtmenschlicher Tiere herauszufordern, zu hinterfragen, zu verstören. Mensch-Tier-Verhältnisse sind dafür in gesellschaftliche Kontexte einzubinden und mit diesen zu beschreiben, zu erklären und zu kritisieren. Um die nichtmenschlichen Tieren und Menschen zugewiesenen Positionen ins Wanken zu bringen, ist es erforderlich, an ihnen zu rütteln, den Geflechten gehörig die Fäden zu verdrehen, neue Knoten zu knüpfen und zu lösen.

27 Vgl. Steve Baker: *Picturing the Beast. Animals, Identity and Representation.* Urbana-Champaign: University of Illinois Press 2001, S. 217.

Welten der Finsternis

Nachttierhäuser in Zoologischen Gärten

Christina May

Auf einem Hügel des New Yorker Bronx Zoos erhebt sich ein fensterloser Baukörper, verkleidet mit aufragenden, schwarzen Waschbetonplatten. Das Gebäude erscheint für ein Tierhaus ungewöhnlich abweisend und wirkt unmittelbar neben der weitläufigen inszenierten Savanne des Zoos wie ein Fremdkörper, der die Bepflanzung und Geländemodellation des Parks kontrastiert. Die hermetische Abgeschlossenheit des Gebäudes gegenüber dem Außenraum übt eine Anziehungskraft aus, das hinter dem Beton Verborgene zu entdecken. Gleichermaßen scheint der schwarze Behälter wenig mit aktuellen Vorstellungen von Tierpräsentation und Tierhaltung gemein zu haben.

Im Zoo als Ort, an dem Wildtiere gehalten werden, damit sie angesehen werden können, erscheint im Nachttierhaus die visuell ausgerichtete Erfahrung von Raum hinterfragt. Durch die Verdunklung soll der Tag-Nacht-Rhythmus der Tiere verändert werden, damit Nachttiere am Tage aktiv sind. Mit der Anwendung neuer Technologien und dem Interesse für ökologische Zusammenhänge sind Nachttierhäuser ein Typus für Tierhäuser, der in den 1960er Jahren weite Verbreitung fand: Das erste Nachttierhaus öffnete 1953 unter dem Namen *Twilight World* im Zoo von Bristol.[1] Das Wissen über das Tierverhalten im Zusammenhang mit Beleuchtung blieb gering, weshalb auch während der nächsten zwei Jahrzehnte über Lichtwirkungen auf das Verhalten und die Überlebensdauer der Zootiere geforscht wurde. Durch den Entzug visueller Reize sollte an die Besucher[2] vermittelt werden, dass Wahrnehmung und Umwelt sich wesentlich von der menschlichen unterscheiden können.

Die Entwurfskonzepte der Nachttierhäuser schwanken zwischen der Vermittlung biosystemarer Zusammenhänge an die Besucher und der

1 Vgl. Geoff Hosey / Vicky Melfi / Sheila Pankhurst: *Zoo Animals: Behaviour, Management and Welfare.* Oxford: Oxford University Press 2013, S. 34.

2 Im Rahmen dieses Textes ist es irrelevant, ob es sich um weibliche oder männliche Menschen handelt, weshalb für Personengruppen durchgängig das generische Maskulinum verwendet wird.

technischen Aufrüstung von Tierhäusern. Nachfolgend wird dieser konzeptuelle Ansatz anhand der *World of Darkness* im New Yorker Bronx Zoo sowie des Nachttierhauses des Londoner Zoos vorgestellt. Als drittes Fallbeispiel dient das Arizona Sonora Desert Museum in Tucson, in dem bereits 1957 eine Anlage für dämmerungsaktive Tiere als Tunnel angelegt wurde. Die Nachttierhäuser verdeutlichen das Paradox zoologischer Ausstellungen, den gebauten Raum als künstliches Milieu an die Anforderungen der Tiere anzupassen und die Sichtbarkeit der Tiere für die Besucher zu gewährleisten.

Die Nacht im Haus

Während die Tierhäuser der Nachkriegsmoderne nach den Leitbildern moderner Architektur mit großen Oberlichtern ausgestattet wurden, um Tageslicht in die Innengehege zu bringen, basierte die Sichtbarmachung von Tieren in Nachttierhäusern auf nahezu gegensätzlichen Grundannahmen. Ein Übermaß an Licht hatte zur Folge, dass dämmerungsaktive Tiere sich nach Möglichkeit versteckten oder stressbedingt Hospitalismen entwickelten. Die helle Beleuchtung war damit ein Faktor, der sich nachteilig auf die Aktivitäten der Tiere und damit auf ihre öffentliche Sichtbarkeit auswirkte. Der moderne Wohnraum mit zeitgenössischen Maßstäben für menschliche Umweltbedingungen war offensichtlich nicht auf sämtliche Tierarten übertragbar. Insbesondere kleine Säugetiere litten unter der Gestaltung ihrer Wohnbehälter nach anthropomorphen Vorstellungen.
Im Londoner Zoo experimentierte Säugetierkurator Desmond Morris im Rahmen der Planungen des neuen Kleinsäugerhauses mit Beleuchtungswechseln, um innerhalb des Hauses die Nacht zu simulieren.[3] Nächtliche Dunkelheit wurde im Haus aber nur eine Stunde lang erzeugt, da vielmehr der Zustand des Halbdunkels, der Dämmerung, die größte Aktivität der dämmerungsaktiven Tiere bewirken sollte.[4] Als Versuchsraum dienten Morris zunächst Stallungen des Kinderzoos. 1967 öffnete schließlich das Londoner Nachttierhaus als Unterabteilung des Kleinsäugerhauses. Da die Haltung von Kleinsäugern in zoologischen Gärten bislang wenig Beachtung fand, lagen kaum Kenntnisse über die räumlichen Ansprüche der Tiere vor.

3 Desmond Morris: A New Approach to the Problem of Exhibiting Small Mammals in Zoos. In: *International Zoo Yearbook* 3,1 (1962), S. 1–9, hier S. 3.
4 Morris: A New Approach, S. 3.

Morris wollte diesem Mangel abhelfen und integrierte neben Farb- und Beleuchtungswechseln auch Schlafhöhlen sowie organisches Material wie Holzwolle in die Gehege. Holz war bisher aus hygienischen Gründen abgelehnt worden, doch laut Morris sollte Gesundheit nicht über die Sterilität des Milieus erzeugt werden, sondern über eine Raumausstattung, die Gestaltungsmöglichkeiten für das Tier zuließ.[5] Während der Besuchszeiten wurden jedoch die Schlafboxen mit Schiebern verschlossen, um die als nachtaktiv angesehenen Tiere vom Verschwinden abzuhalten. Obwohl die Haltungsbedingungen durch eine intensive Beschäftigung mit dem Tierverhalten und empirischen Experimenten verbessert wurden, wurde ein Gehege nur als erfolgreich angesehen, wenn es die Sichtbarkeit gewährleistete. Pflanzen boten zwar Blickschutz an, waren darüber hinaus in erster Linie für die Besucher gedacht. Das dämmrige Licht begünstigte den Einsatz künstlicher Pflanzen, die in der Dunkelheit als organische wahrgenommen wurden: „Under fulllighting conditions, plastic plants can be ugly but in subdued lighting they are almost indistinguishable from living botanical specimens."[6] Die Dunkelheit vereinfachte somit die Täuschung der Besucher, da im bläulichen Dämmerlicht die Ausstattung der Gehege nur schemenhaft erkennbar war.

Sehen und Nicht-Sehen

Dieser Entwurfspraxis ist keine grundsätzliche Verhüllungsabsicht zu unterstellen, denn das auszustellende Tier erhält durch die Raummanipulation der Verdunkelung erst seine Sichtbarkeit. Anders verhält es sich hingegen mit den Handlungsmöglichkeiten im Zuschauerraum. Solange sich die Augen nicht an die Dunkelheit adaptiert haben, wird das bedenkenlose Spazieren zum vorsichtigen Tasten. Darüber hinaus wurde eine gängige Handlung des Zoobesuchs eingeschränkt: Die Dunkelheit verhinderte das Fotografieren. Seit Beginn des 20. Jahrhunderts gehörte die Fotografie für ein breiteres Publikum zu der bevorzugten Praxis, das Gesehene im Zoo festzuhalten. In Nachttierhäusern erfolgt somit ein deutlicher Bruch mit diesem typischen Verhalten der Zoobesucher. Es entstehen Irritationen für

5 Desmond Morris: Experimental Nocturnal House at London Zoo. In: *International Zoo Yearbook* 5,1 (1965), S. 240–242, hier S. 241–242.

6 Ebd., S. 241.

die Besucher, da gewohnte Handlungsweisen des Zoospaziergangs wie Gehen, Stehen und Sehen behindert werden.
Die Zoodirektoren und -kuratoren, die mit Dunkelräumen experimentierten, bemühten sich jedoch darum, dass die Besucher die Orientierungslosigkeit während des Adaptionsvorgangs nicht bewusst wahrnahmen. In Amsterdam liefen die ersten Versuche mit verdunkelten Testkäfigen nicht zur Zufriedenheit des Direktors Jacobi, denn der Innenraum und damit die Exponate waren zu dunkel: „On a bright day it took at least several minutes before one's eyes had adapted and were able to see first animals; and it took five or more minutes before one could see the animals clearly."[7] Infolgedessen wurde das Licht weniger stark gedimmt. Um die Adaption unmerklich voranschreiten zu lassen, wurden die Besucher mit einer Informationstafel am Eingang abgelenkt. Im Anschluss sollten sie sich anhand eines erleuchteten Geheges mit schlafenden Wickelbären davon überzeugen, dass die im Haus befindlichen Tiere bei hellerer Beleuchtung tatsächlich ruhten.[8] Neben der didaktischen Intention verzögerte sich durch den Aufenthalt an einer Tageslichtanlage der Übergang vom Tageslicht in die Dunkelheit um weitere Sekunden. Sowohl die schriftliche Informationstafel als auch die Positionierung eines schlafenden nachtaktiven Tieres in einem gut ausgeleuchteten Gehege am Eingang wurde in zahlreichen Nachttierhäusern vorgenommen. Eine Schockwirkung sollte so in den befriedeten Gegenwelten der zoologischen Gärten vermieden werden.

Rote Dunkelheit

Im Gegensatz zu den bläulich beleuchteten europäischen Nachttierhäusern wurde in den USA mit Rotlicht experimentiert. Nach Erkenntnissen der Kuratoren des Bronx Zoos nehmen die Tiere die Intensität der rötliche Frequenzbereiche nicht wahr und die Besucher können die Tiere besser sehen.[9] In der *World of Darkness*, 1969 im New Yorker Bronx Zoo eröffnet, wurde während der natürlichen Nacht grelles weißes Licht angeschaltet, um die Tiere möglichst von Aktivitäten abzuhalten. Während das bläuliche Licht der Leuchtstoffröhren

7 E. F. Jacobi: 'World of Darkness' the Nocturnal House at the Amsterdam Zoo. In: *International Zoo Yearbook* 5,1 (1965), S. 238–239, hier S. 238.

8 Ebd.

9 Joseph A. Davis Jr.: Exhibition of Nocturnal Mammals by Red Light. In: *International Zoo Yearbook* 3,1 (1962), S. 9–11.

als „Mondlicht“ beschrieben wird, sind ähnliche Assoziationen für die Beleuchtung mit Rotlicht nicht überliefert. Bei der Namensgebung und der Innenausstattung des New Yorker Nachttierhauses wurde auf eine unheimliche Wirkung gesetzt, die beispielsweise der Architekt und spätere Zoodirektor David Hancocks als „alien and mysterious“ beschreibt.[10]

William Conway schrieb 1967 an seinen Architekten Morris Ketchum, dass Häuser im Zoo nur eine Berechtigung hätten, wenn die Tiere außergewöhnliche Ansprüche an die Umwelt hätten: „The zoo should be and should present a strong pervasive environment; a habitat in which that which is manmade is muted and that which is ‘natural accented and simulated’.“[11] Das Gebäude der *World of Darkness* als fremdartig, monolithisch erscheinender Baukörper zeigt in seiner abweisenden Gestaltung mit schwarzen Waschbetonplatten, dass im Inneren Bedingungen erzeugt werden, die nichts mit menschlichen Wohnräumen gemein haben. Über seine Gestaltung wird das Gebäude vom Landschaftspark des Bronx Zoos separiert und verdeutlicht, dass mit der Inszenierung im Inneren ein Raum repräsentiert wird, der jenseits alltäglicher menschlicher Wahrnehmung steht. Wie Hancocks schreibt, ist diese Inszenierung pädagogisches Instrument zur Reflexion über Habitate nichtmenschlicher Lebewesen und damit über die Beschränktheit und Kontingenz menschlicher Umwelt.[12]

Wie in London wurde das künstliche Milieu durch eine komplexere Gehegeausstattung verbessert. Die Thematisierung der Gehege als spezifische Biotope hatte das Ziel, deren Attraktivität für das Publikum zu steigern und über die informelle Vermittlung durch Szenographie ein Bewusstsein für verschiedene Lebensräume zu schaffen. Diese neue Herausforderung an die Szenographie stellte Conway in seinem Aufsatz *How to Exhibit a Bullfrog?* dar. Mit dem Essay betont er deutlich, inwiefern das Publikum auf Tierarten aufmerksam gemacht werden kann, die allgemein auf wenig Interesse stoßen oder als unattraktiv gelten. Der Ochsenfrosch wird dabei in einem ausgeklügelten szenographischen Kontext eingebunden, um das Tier über

10 David Hancocks: *Animals and Architecture*. New York: Praeger 1971, S. 237.

11 William Conway: Memorandum to Morris Ketchum, 29.12.1967. Wildlife Conservation Society Archive, New York.

12 Hancocks: *Animals and Architecture*, S. 142.

seinen ökologischen Zusammenhang als interessant und relevant zu inszenieren.[13] In den 1960er Jahren gewann in der Forschung der biosystemare Kontext an Bedeutung, weshalb die Tierpräsentation im Zusammenhang mit spezifischen Umwelten der Tiere, aber auch innerhalb von sozialen Gruppen und von Biosystemen erwünscht war. Mit verstärkt ökologischer Leitidee wendeten sich Kuratoren im Zoo auch Tierarten zu, die bislang als wenig schauattraktiv galten. Besonders im Nachttierhaus des Bronx Zoos sollte das Verständnis der Besucher für andere als menschliche Raumwahrnehmungen geschärft werden. Die Umsetzung erfolgte zumeist mit Dioramen, die bereits im nahegelegenen *American Museum of Natural History* immersive Qualitäten in verdunkelten Ausstellungsräumen bewiesen hatten.[14]

Ökologische Nischen innerhalb des Biotops sollten mithilfe von Gemeinschaftsgehegen vermittelt werden. Die komplexere Ausstattung funktionierte in der Anlage der Höhlensalamander und der Blinden Höhlensalmler derart gut, dass sich die Überlebensdauer erhöhte, die Anlage aber aufgegeben wurde, da die Tiere niemals vom Publikum gefunden wurden.[15] Auch Tonaufnahmen und Videos wurden integriert. Die Flugvorführung der Fledermäuse begleiteten Soundübersetzungen des Ultraschalls und die Fledermäuse sollten vor einer Wand fliegen, auf die ein dokumentarischer Film projiziert wurde. Mithilfe der Projektionen wurden die Eigenschaften der Dunkelheit genutzt, den Tierkörper schemenhaft zu zeigen. Zur Präsentation wurden Hasenmaulfledermäuse eingesetzt, deren Flügel ein besonders prägnantes Profil besitzen, so dass der Körper der Fledermaus bewusst zum Bestandteil einer bildmedialen Projektion wurde.

Black Box

In zoologischen Gärten wird zugunsten der Unterhaltung und des kontemplativen Schauens das Bewusstsein für die Künstlichkeit der inszenierten Landschaften verdrängt. Garry Mullan und Robert Marvin beschreiben die Rezeptionsästhetik naturalistisch gestalteter

13 William Conway: How to Exhibit a Bullfrog. In: *Curator* 11,4 (1968), S. 310–318.

14 Zu den Habitat Dioramen Carl Akeleys vgl. exemplarisch Karen Wonders: *Habitat Dioramas: Illusions of Wilderness in Museums of Natural History*. Uppsala: Acta Universitatis Upsaliensis 1993.

15 H. Bradford House / James G. Doherty: The World of Darkness at the New York Zoological Park. In: *International Zoo Yearbook* 15,1 (1975), S. 31–34, hier S. 31.

Zoolandschaften mit Samuel Taylor Coleridges Wendung der „willentlichen Aussetzung der Ungläubigkeit“, die nach Durchschreiten des Zooeingangs eintrete.[16] Eine Auseinandersetzung mit den formalen Bedingungen und Überlegungen ihrer Kontingenz findet zwar nach dem Überschreiten der ästhetischen Grenze im Kunstmuseum statt, nicht aber im Zoo. Besonders seit Carl Hagenbecks Entwicklung und Verbreitung naturillusionistischer Panoramen ist die Rezeption auf eine Erfahrung von Präsenz ausgerichtet.[17] Die halluzinatorische Wirkung der Panoramen als Traumlandschaften wird von den Besuchern in Hagenbecks Tierpark zwar beschrieben und auch die Potenz zur Naturnachahmung dem Erbauer hoch angerechnet, die Wirkung der Panoramen beruhte aber darauf, dass Besucherraum und Gehegeraum, Zuschauer und Szene, mithilfe visueller Täuschungen zusammengeführt wurden.[18] Dass die natürlich erscheinenden Gehegeräume von Besuchern und Tieren in identischer Weise, mit identischen Raumeigenschaften wahrgenommen wurden, wurde in der Szenographie und Dramaturgie des Tierparks nicht in Frage gestellt. Auch in Tierhäusern, die nach modernen Prämissen gestaltet wurden, wird zwar implizit thematisiert, dass das Gehege abstrahierte Umwelt des Tieres und die Qualität des Raumes auf Umweltansprüche und Umweltwahrnehmung der gehaltenen Tiere angepasst sei.[19] Jedoch entspricht die moderne Architektur der Tierhäuser generell den Formen menschlicher Wohnhäuser, so dass auch hier Diskrepanzen in der Fähigkeit zur räumlichen Wahrnehmung und Orientierung kaum aufscheinen.

Die dunklen Kammern der Nachttierhäuser verändern die Wahrnehmung der Besucher und machen sie für andere Wahrnehmungsmöglichkeiten des Raumes außerhalb des Alltags empfänglich. Anders als bei der Camera Obscura oder der Blackbox im Kunstmuseum sind die Objekte der Aufmerksamkeit nur selten bildmediale Projektionen, selbst wenn zur atmosphärischen Inszenierung der Gehege

16 Vgl. Garry Mullan / Robert Marvin: *Zoo Culture*. Urbana: University of Illinois Press 1999, S. 66.

17 Vgl. Veronika Hofer: Jakob von Uexkülls Umwelten und das wiedergefundene Staunen. Zur Ästhetik des Performativen im Zoo. In: Wolfgang Krohn (Hrsg.): *Ästhetik in der Wissenschaft*. Hamburg: Meiner 2006, S. 257–282.

18 Vgl. Eric Ames: *Hagenbeck's Empire of Entertainments*. Seattle: University of Washington Press 2008, S. 141–197.

19 Vgl. Heini Hediger: *Wildtiere in Gefangenschaft*. Basel: Schwabe 1942.

bläuliches oder rötliches Licht eingesetzt wird, um den Effekt der Tiererscheinung als Phantasmagorie zu verstärken. Die Funktion der Nachttierhäuser ist nur durch den Abschluss von der Außenwelt, vom Tageslicht oder auch hellem, künstlichem Licht möglich. Ein Nachttierhaus kann durchaus als Apparatur des Sehens verstanden werden, da es nicht nur das Objekt des Blicks, das Tier, über die Manipulation erscheinen lässt, sondern auch die Aufmerksamkeit auf das Sehen des Rezipienten lenkt. Auch wenn die Planer die Auswirkungen der Adaption vermeiden möchten, wird die Bewegung im Raum unsicher, da der Sehsinn eingeschränkt ist, bis sich die vollständige Dunkelheit langsam mit der Adaption des Sehens aufhebt. Hierdurch entsteht die Möglichkeit, den Prozess des Sehens bewusst wahrzunehmen.[20]
Akustische Reize erhalten eine höhere Bedeutung für die Rezipienten. Insbesondere bei der Ausstellung von Fledermäusen sind daher Geräusche zu hören, die teilweise durch Mikrofonierung und das Abspielen von Tonbandaufnahmen verstärkt werden. Eine Differenz zur menschlichen Wahrnehmung wird deutlich, bleibt aber vor allem in der ausgefeilten Bewegungsdramaturgie und Szenographie der *World of Darkness* ein Mittel, um das Interesse der Besucher zu wecken. Wenngleich die Inszenierung der Fledermäuse technisch mithilfe von Projektionen und Tonübertragung unterstützt wird, um medial die Funktionsweise der Wahrnehmung auf kognitiver Ebene zu übersetzen, bleiben die Möglichkeiten der Ausstellung auf einer allgemein verständlichen, emotionalisierend populären Ebene. Thomas Nagels Aufsatz zur Heterophänomenologie *What It's Like to Be a Bat?* zeigt in diesem Zusammenhang nicht nur die Unmöglichkeit, die Wahrnehmung sämtlicher anderer wahrnehmender Lebewesen nachzuvollziehen, sondern belegt mit seinem Beispiel der Fledermaus die zeitgenössische Relevanz des Themas sowie die sehr begrenzten szenographischen Möglichkeiten.[21] Das Nachttierhaus *World of Darkness* wurde 2009 geschlossen ebenso wie zahlreiche weitere Nachttierhäuser in den USA und in Europa.

20 Zu ähnlichen Rezeptionsbedingungen in künstlerischen Installationen als Black Box vgl. bspw. Annette Jael Lehmann: Black Box Inside Out. Wahrnehmungsprozesse in einem immersiven Raum. In: Meike Kröncke / Kerstin Mey / Yvonne Spielmann (Hrsg.): *Kultureller Umbau: Räume, Identitäten und Re/Präsentationen.* Bielefeld: Transcript 2007, S. 59–74.

21 Thomas Nagel: What It's Like to Be a Bat. In: *The Philosophical Review* 83,4 (1974), S. 435–50.

Der Mangel an Tageslicht in den Innenräumen und fehlende Außengehege waren jedoch nicht nur bei der *World of Darkness* für die Tiere problematisch. Aus zoologischer Sicht wird zudem bezweifelt, ob Nachttierhäuser funktionieren, da auch die nachtaktiven Tiere ihren Rhythmus vor allem an Ruhezeiten anpassen. Die Aktivität der Tiere ist daher auf Zeiten verlegt, in denen keine Besucher anwesend sind, ob tagsüber oder nachts.[22] Nicht die Anwesenheit oder Abwesenheit von Licht ist daher entscheidend, sondern die Abwesenheit von Blicken und Aktivität im Besucherbereich. Die *World of Darkness* trug dennoch wesentlich zur Verbreitung künstlicher Fledermaushöhlen bei.

Unterirdisch

1953 öffnete das Arizona Sonora Desert Museum (ASDM) 20 Meilen von Tucson entfernt für Besucher.[23] In der Sonora Desert in Arizona war die Präsentation von Tieren tagsüber nur unter erschwerten Bedingungen möglich. Die Hitze der Wüste schränkte die Bewegungsmöglichkeiten der Besucher ein und zahlreiche Tierarten wurden nicht gezeigt, da sie sich tagsüber unterirdisch aufhielten. Um mehr Tierarten zeigen zu können, wurde 1957 eine Anlage mit der Bezeichnung *Tunnel* eröffnet, ein unterirdisch angelegter Tunnel, in dem Tiere und Pflanzenwurzeln ausgestellt wurden.[24] Im Unterschied zu den Nachttierhäusern wurde nicht versucht, den Rhythmus der Tiere über Beleuchtungswechsel zu verändern. Wenn die Besucher den Tunnel betraten, waren sie zunächst blind. Die Augen von der hellen Sonne der Halbwüste an die Dunkelheit zu adaptieren, benötigte Zeit. Die Beleuchtung der mit Glas verschlossenen Terrarien konnten die Besucher über Knöpfe aktivieren und damit den sichtbaren Ausschnitt des *Tunnels* bestimmen. Rückwändig an die Terrarien schlossen Außengehege an, die, als Gruben angelegt, während des oberirdischen Parkspaziergangs nicht sichtbar waren. Auf der gegenüberliegenden Seite zu den Terrarien waren die Wurzeln überirdisch

22 Zur Kritik an Nachttierhäusern vgl. Frank Princée / Tom de Jongh: *The Dark Side of the Moon: The Future of Nocturnal Houses in Europe.* Amsterdam: NFRZG 1995.

23 Zum Arizona Sonora Desert Museum vgl. William H. Carr: *The Desert Speaks. Arizona Sonora Desert Museum.* Tucson: Arizona Sonora Desert Museum 1965.

24 Vgl. William Woodin / William Carr: Tunnel in the Desert. An Underground Exhibit for Nocturnal Animals. In: *International Zoo Yearbook* 4,1 (1963), S. 156–158.

wachsender Pflanzen zu sehen. Über Periskope sollten die Besucher das Wurzelwerk den oberirdischen Pflanzen zuordnen.

Diese Inszenierung des Eindringens unter die Erdoberfläche erklärt sich durch die grundlegende Idee des Museums, die Halbwüste als Biotop darzustellen. Im *Tunnel* erfolgt eine Zusammenführung verschiedener Arten, deren Gemeinsamkeit darin besteht, dass sie an dunklen Orten wie Höhlen oder in Felsnischen anzutreffen sind. Im engen Sinne bildet die Eigenschaft der Dunkelheit das gemeinsame Kriterium der Raumqualität, bzw. das Kriterium für die Auswahl der Tierarten für den *Tunnel* ist ihre Unsichtbarkeit für den Menschen bei Tageslicht und Hitze.

Die normalerweise eingeschränkte menschliche Rezeption der Wüste sollte das ASDM aufbrechen, um bei den Einwohnern Tucsons Interesse für die Wüste zu wecken. Da sich die Besucher für einen Ausstellungsbesuch 20 Meilen außerhalb von Tucson in die Halbwüste begeben mussten, wurde beispielsweise die Bedeutung des Wassers für das Ökosystem einschließlich der Bewohner Tucsons verdeutlicht. Ideell besitzt das ASDM mit der Popularisierung von Ökologie und einer auf eine ästhetische Rezeption ausgerichteten Wissensvermittlung seinen Vorläufer in Aldo Leopolds *Sand County Almanac* von 1949, der die Folgen ökonomischen Wandels für die Landschaft, insbesondere für das Verschwinden der Wildnis beschreibt.[25] Im Gegensatz zur ästhetischen Rezeption der Landschaft als Wildnis beruht das ASDM auf einem künstlichen Arrangement. Erst die Inszenierung des Landschaftsausschnitts als Biotop lässt jedoch zu, dass der Landschaftsausschnitt nicht als unbelebt, wüst und somit als negativ besetzte Wildnis wahrgenommen wird.

Der *Tunnel* ist eine bauliche Struktur, die eine Versetzung der Betrachter in eine Wüstenumgebung vornimmt. Die künstlerisch aufbereitete Szenographie simuliert keineswegs das Leben in Bodenhöhlen und besitzt keinen Anspruch auf Heterophänomenologie. Wieder werden Fledermäuse mit besonderen illusionistischen Effekten ausgestellt: Ein Spiegel reflektiert den Außenraum und täuscht damit einen Höhleneingang vor. Mit dieser optischen Inszenierung der Fledermaushöhle erscheint ein weiteres Mal die enge Verbindung zwischen der Dunkelheit, ihrer szenographischen Qualität als Scheinwelt und der

25 Aldo Leopold: *A Sand County Almanac and Other Writings on Ecology and Conservation*. New York: Literary Classics of the United States 2013.

Virtualität der Umgebung durch den Verlust der verlässlichen Einordnung des Raummaßes durch den menschlichen Betrachter.

Zusammenfassung

Die Entwicklung der Nachttierhäuser in den 1960er Jahren zeigt die Zusammenführung hochtechnisierter Tierhäuser mit empirischen Verhaltensstudien, die auf einem wachsenden Interesse an Tierpsychologie beruhen. Die Ergebnisse tragen im Londoner Zoo zwar dazu bei, dass die Gehege als künstliche Milieus stärker am Tierverhalten orientiert werden, indem Aktivität und ausbleibende Stereotypie als Akzeptanz für räumliche Bedingungen interpretiert werden, dennoch werden räumliche Veränderungen nur insofern durchgeführt, wie sich Verbesserungen der Sichtbarkeit für die Besucher ergeben.
Die Dunkelheit erhält damit die Funktion einer neuen Attraktion innerhalb der Typen der Tierpräsentation und suggeriert über eine gemeinsame dunkle Umgebung eine größere Nähe zwischen Besucher und Tier, indem die Grenzen im dämmrigen Licht verklärt werden. Dieser Ansatz immersiver Wirkungsästhetik wird verstärkt durch den Einsatz bildmedialer Mittel in der New Yorker *World of Darkness* bei der über die Szenographie zusätzliche Desorientierung erzeugt wird. Das Potential für eine Verunsicherung und Reflexion über die eigene Wahrnehmung wird in der *World of Darkness* zur Steigerung einer immersiven Wirkung zwar eingesetzt, bleibt jedoch im Rahmen der kontemplativen Betrachtung. Nicht über das technische Haus, sondern mithilfe landschaftsgestalterischer Maßnahmen wird im Arizona Sonora Desert Museum der Einblick in unterirdische naturillusionistische Habitate ermöglicht, um ökologische Zusammenhänge zu verdeutlichen. Die Inszenierungen der Umwelten der anderen Lebewesen können nur szenographisch aufbereitete Übersetzungsversuche in menschliche Wahrnehmungsqualitäten bleiben. Der inszenierte Raum im Zoo ist, auch im Nachttierhaus, immer ein Raum des menschlichen Blicks. Gelangt das menschliche Sehen jedoch an die Grenzen seiner Wahrnehmung, wird der Raum im Zwielicht zur medialen Projektion überschritten.

Der Ort der Tiere auf der Bühne und im Film

Mit Pavlov ins Kino

Die Orte der Tiere im sowjetischen Montagefilm der 1920er Jahre

Lars Nowak

Im sowjetischen Montagekino der 1920er Jahre traten Tiere an zwei Stellen in Erscheinung: Sie spielten erstens eine wichtige Rolle in den Filmen selbst und bildeten zweitens einen impliziten Bezugspunkt in den filmtheoretischen Überlegungen der damaligen Regisseure, die sich regelmäßig auf jene biologische Reflexlehre bezogen, welche seit dem letzten Drittel des 19. Jahrhunderts von verschiedenen russischen Forschern, darunter Ivan Pavlov, ausgearbeitet worden war. Diese beiden unterschiedlichen Lokalisierungen der Tiere innerhalb des Montagekinos sind in der bisherigen Forschungsliteratur nur isoliert betrachtet worden. Der folgende Aufsatz unternimmt hingegen den Versuch, sie aufeinander zu beziehen und dadurch einen Zusammenhang herzustellen, in dem sich Film- und Wissenschaftsgeschichte kreuzen. Dabei werde ich mich im theoretischen Bereich auf Sergej Eisensteins Montageästhetik konzentrieren, während ich auf der praktischen Ebene drei Beispielfilme herausgreifen möchte: *Streik* (Стачка, UdSSR 1924) und *Die Generallinie* (Генеральная линия, UdSSR 1929), den ersten und den letzten der vier stummen Spielfilme Eisensteins, sowie Wsewolod Pudowkins populärwissenschaftlichen Dokumentarfilm *Mechanik des Gehirns* (Механика головного мозга, UdSSR 1925–26). Wie sich zeigen wird, kamen in allen vier Fällen wiederum zwei verschiedene Arten von Räumen zum Tragen. Denn zum einen wurde stets auf bestimmte physische Räume Bezug genommen, die von Menschen geschaffen worden waren und in denen auch die Tiere der menschlichen Kontrolle unterlagen. Und zum anderen wurden die Tiere in einen konzeptuellen Raum gestellt, in dem sich ihr Verhältnis zu den Menschen völlig anders darstellte, weil hier an die Stelle der Hierarchisierung diverse Überschreitungen der zwischen beiden Gruppen verlaufenden Grenze, insbesondere Annäherungen der Menschen an die Tiere, traten. Bei den drei Filmen erfuhren diese abstrakten Annäherungen mitunter auf einer dritten räumlichen Ebene eine Verstärkung, da die humanen und die animalischen Figuren gelegentlich auch in den formalen Räumen dieser Filme, ihren Handlungs- und Bildräumen, zusammengeführt wurden. Der Widerspruch zwischen beiden Behandlungen des Tieres ist aber bereits im marxistischen Denken angelegt, auf das sich die Vertreter des sowjetischen Montagekinos beriefen. Denn einerseits gehören die Tiere jener Natur an, deren Ausbeutbarkeit durch den Menschen für den Marxismus außer Frage steht; und andererseits wird hier der Mensch selbst nicht dem Tierreich gegenübergestellt, sondern in dieses eingegliedert. Mithin schlug sich die materialistische Weltanschauung der sowjetischen Montagefilmer auch in ihrer paradoxen Haltung zum Tier nieder.

In *Streik*, der von der Niederschlagung eines Fabrikarbeiterstreiks im zaristischen Russland handelt, begegnen wir Tieren im sozialen Raum der Stadt. Das geschieht zunächst in einer Zoohandlung, in der einer der Polizeispitzel, welche die Arbeiter ausspionieren, einen dressierten Bären erwirbt. Um sich eine Tarnung für seine Tätigkeit zu verschaffen, tritt der Spitzel mit dem Bären auf der Straße auf, wo er ihn zu Drehorgelmusik tanzen lässt. Der Bär ist aber nicht das einzige Tier, zu dem der Spion in Beziehung tritt. Vielmehr werden in der Zoohandlung noch andere Tiere zum Verkauf angeboten. Unter diesen befindet sich auch eine Bulldogge, die an einer Stelle mit dem Kopf des Spitzels überblendet wird, welcher sich dadurch an den Hund angleicht, dass er wie dieser hechelt; die Identifizierung mit dem Tier wird durch den unmittelbar folgenden Zwischentitel bestätigt, der den Decknamen des Mannes – ‚Bulldogge' – angibt. Direkt davor sind bereits drei andere Spitzel mit animalischen Tarnnamen, der ‚Fuchs', die ‚Eule' und die ‚Meerkatze', in der gleichen Weise – durch eine Überblendung vom jeweiligen Tier auf die entsprechende Person und die anschließende Nennung des Pseudonyms – vorgestellt worden. Dabei lässt sich im Fall der ‚Meerkatze' insofern eine umgekehrte Angleichung des Tieres an den Menschen beobachten, als das Äffchen genau wie der Agent aus einer Flasche trinkt. Pascal Bonitzer hat in diesem Zusammenhang von einer Ausstattung der Spione mit Totemtieren gesprochen, die sich teils metonymischer, teils metaphorischer Mittel bediene.[1] Tatsächlich werden alle vier Spitzel mit ihren tierlichen Namensgebern zunächst durch die

1 Vgl. Pascal Bonitzer: Système de „La Grève". In: *Cahiers du Cinéma* 226–227 (1971), S. 42–45, hier S. 44.

Montage zweier Einstellungen verknüpft, wobei die Überblendungen für eine Mischung aus Juxta- und Superposition sorgen. Dabei entstammen der Fuchs und die Eule zwar einem extradiegetischen Raum, der von dem durch die Agenten definierten Raum der Diegese losgelöst ist. Doch die Meerkatze und die Bulldogge gehören in dem Maße, wie sie in der Tierhandlung feilgeboten werden, demselben Handlungsraum wie die Spitzel an. Und die Bulldogge ist ebenso wie der Tanzbär sogar mehrfach in derselben Einstellung und damit im selben piktoralen Raum wie der beiden zugeordnete Spion zu sehen. Die formale Hervorhebung der beiden letztgenannten Tiere ist kein Zufall, sondern verweist auf deren besondere Beziehung zu Pavlovs Reflexlehre. Denn auch Pavlov entwickelte seine Theorie hauptsächlich durch Experimente an Hunden und interessierte sich dabei ebenfalls vorrangig für bedingte Reflexe, wie sie unter anderem durch die Abrichtung von Tieren gebildet werden.

Bonitzer zufolge stehen die Totemtiere der Polizeispitzel für eine „soushumanité", die genauso abstoßend wie die „surhumanité" der im Luxus schwelgenden Fabrikbesitzer sei; beides aber werde der schlichten „humanité" der Arbeiter gegenübergestellt.[2] Im Widerspruch hierzu hat David Bordwell behauptet, *Streik* assoziiere die Kapitalisten mit Tieren, die Arbeiter dagegen mit Maschinen.[3] Damit verkennen aber beide Autoren, wie weit Eisensteins Einsatz der Tiere hier tatsächlich reicht, werden diese doch außer mit den Spitzeln auch mit den Soldaten, welche den Streik niederschlagen, den Fabrikaufsehern und nicht zuletzt den Arbeitern verknüpft.

Letztere teilen sich bereits ihre Wohnsiedlung mit einer ganzen Reihe von Tieren, bei denen es sich im Unterschied zu denen der Zoohandlung nicht mehr nur um Haus-, sondern auch um Nutztiere handelt, da zu ihnen neben Katzen auch Schweine, Gänse und Hühner gehören. Während diese Tiere am idyllischen Anfang des Streiks noch auf den Außenraum zwischen den Häusern beschränkt bleiben, werden sie in den folgenden Tagen, an denen die idyllische einer angespannten Stimmung weicht, auch im Inneren der Behausungen sichtbar. Wichtiger als dieses Eindringen in die Wohnungen der Arbeiter ist aber, dass die Tiere auch die Fabrik erobern, die, obwohl normalerweise

2 Ebd.

3 Vgl. David Bordwell: *The Cinema of Eisenstein.* Cambridge / London: Harvard University Press 1993, S. 120.

den Menschen vorbehalten, infolge des Streiks leer steht. So läuft eine Katze durch die verlassenen Flure der Fabrik, während sich auf den stillstehenden Produktionsmaschinen und dem verstummten Signalhorn Vögel niederlassen. Weil die Tiere damit Orte besetzen, die normalerweise von den Arbeitern eingenommen werden, werden sie mit diesen nun nicht mehr – wie noch in der Wohnsiedlung – bloß assoziiert, sondern identifiziert. Diese Strategie der Identifizierung mittels Lokalisierung wird auch auf zwei der Gegenspieler der Proletarier, die beiden Fabrikaufseher, übertragen – nur mit dem Unterschied, dass der übereinstimmende Ort jetzt mobil ist. Denn nachdem die rebellierenden Arbeiter den Aufsehern Jutesäcke übergestülpt und sie in Schubkarren zum Fluss gefahren haben, wird dieser Vorgang von ihren Kindern nachgespielt, die dazu einen Ziegenbock in einen Sack stecken und in einer Schubkarre umherfahren.

Schließlich wird die Animalisierung der beiden gegnerischen Parteien des Klassenkampfes am Ende des Streiks noch einmal aufgegriffen, an dem sich die anfängliche Idylle vollends in ihr Gegenteil, ein Blutbad, verkehrt. Allerdings wird sie nun mit anderen Mitteln herbeigeführt und aufseiten des Kapitals auf eine andere Instanz bezogen. Denn obgleich erneut Tiere in einen ihnen fremden Raum vorstoßen, handelt es sich jetzt um Pferde, auf welchen Soldaten sitzen, die in ein anderes Wohnhaus der Arbeiter, eine mehrstöckige Mietskaserne, eindringen und dort laut einem anklagenden Zwischentitel wie wilde Bestien wüten. Umgekehrt werden die aus dem Wohnhaus vertriebenen und zum Fluss laufenden Arbeiter mit Schlachtvieh verglichen: Eine Parallelmontage lässt Totalen von den fliehenden Proletariern und den schießenden Soldaten sich mit Nah- und Großaufnahmen abwechseln, die die Schlachtung von Rindern zeigen. Da das Schlachthaus nicht zur Diegese des Films gehört, bleiben die Rinder allerdings räumlich genauso von ihren menschlichen Entsprechungen getrennt wie jener Fuchs und jene Eule, die einem Teil der Spitzel ihre Decknamen gaben.

Mit dem Verkaufen von Haustieren in einer Zoohandlung sowie dem Halten und Schlachten von Nutztieren in der Arbeitersiedlung und einem Schlachthaus stellt *Streik* vornehmlich die wirtschaftliche Verwertung von Tieren dar. Doch werden diese hier zugleich in vielfältige Analogisierungen mit den Menschen verstrickt, die zwar grundsätzlich unabhängig davon sind, ob sich die Tiere und die

Menschen denselben Handlungsraum teilen oder nicht. Kommt es jedoch zu einer Partizipation am selben Raum, so besteht eines der Mittel zur konzeptuellen Annäherung von Tier und Mensch darin, diese zu unterschiedlichen Zeitpunkten an den gleichen physischen Ort zu stellen.

In *Die Generallinie* lassen sich zunächst einige Veränderungen beobachten. So hat der Umstand, dass dieser Film nicht mehr eine vergangene Phase des proletarischen Klassenkampfes, sondern die seinerzeit einsetzende Kollektivierung der sowjetischen Landwirtschaft thematisiert, einen Wechsel von der Stadt auf das Land zur Folge. In diesem neuen Kontext erfährt die Unterwerfung der Tiere unter die ökonomische Verwertungslogik neben einer Intensivierung, welche die zusätzliche Nutzung der Tiere als Arbeitsmittel und Eingriffe in ihre Fortpflanzung einschließt, auch eine explizite Bejahung, weil die vom Film propagierte Einführung des Sozialismus im Agrarsektor auch zu einer optimierten Ausbeutung der Tiere führt. Hierfür steht nicht nur der Musterbetrieb einer Sowchose, sondern auch ein modernes Schlachthaus; denn so wie in ersterem die Tierzucht wird in letzterem das Töten der Tiere auf eine wissenschaftliche, technisierte und industrielle Weise betrieben. Setzte *Streik* das Schlachthaus also noch als einen Ort des Schreckens in Szene, so bemüht sich *Die Generallinie* darum, ihm diese Konnotation zu nehmen. Zu den vielfältigen hierfür mobilisierten Strategien gehört auch, dass die hiesigen Einstellungen von der Schlachtung von Schweinen zwar ähnlich wie die dortigen Aufnahmen von der Tötung der Rinder in eine Alternation mit Bildern von einem anderen Handlungsraum verstrickt werden. Doch sieht man dort nun nicht mehr einen weiteren Gewaltakt, sondern eine idyllische Landschaft, in der sich lebendige Schweine tummeln; das hebt aber die Endgültigkeit der Tötung auf, indem es verdeutlicht, dass diese sich nicht auf die ganze Gattung, sondern nur auf einzelne Exemplare derselben bezieht. Darüber hinaus sind Tiere und Menschen hier einerseits fast immer im Raum der Diegese vereint und können andererseits bei einer Zusammenführung im selben Bildraum gedanklich dennoch einander entgegengesetzt werden. Letzteres geschieht, als die ausgezehrte Kleinbäuerin Marfa Lapkina, welche die Kulaken um ein Pferd zum Pflügen bittet, klein im Bildhintergrund erscheint, während der Vordergrund von den wohlgenährten Tieren der Kulaken beherrscht wird, wobei der

Größenkontrast durch die Verwendung einer kurzen Brennweite zusätzlich verstärkt wird.[4]

All dies ändert aber nichts an der Tatsache, dass auch *Die Generallinie* Tier und Mensch im konzeptuellen Raum zugleich einander wechselseitig annähert und dies zum Teil ebenfalls durch bildräumliche Integrationen flankiert. Denn zum einen existieren aufseiten der dickleibigen Tiere menschliche Analoga, wenn der Film unmittelbar nach der beschriebenen Passage herausstellt, dass die Kulaken, denen das Vieh gehört, ähnlich wohlbeleibt sind. Dabei erfährt ein weiteres kräftiges Tier, der Zuchtbulle Fomka, eine Anthropomorphisierung, wenn seine Paarung mit einer Kuh durch Zwischentitel, die *mise-en-scène* und subjektive Einstellungen wie die Vermählung zweier Menschen inszeniert wird.[5] Zum anderen finden sich für die magere Marfa und andere notleidende Bauern Entsprechungen in einer Reihe von Tieren, die nicht weniger ausgehungert und entkräftet sind. Auch erhält Fomkas Humanisierung ein Gegengewicht in der Animalisierung eines völlig verelendeten Bauernpaares, welches kein Tier mehr besitzt, das es vor seinen Pflug spannen könnte, und diesen daher selbst ziehen muss; nicht anders als die Vermenschlichung des in einen Sack gesteckten und in einer Schubkarre umhergefahrenen Ziegenbocks in *Streik* stützt sich auch diese Vertierlichung auf eine identische mobile Lokalisierung. Schließlich bezieht *Die Generallinie* in die Analogisierung von Tier und Mensch sogar einerseits ein wildes Tier, andererseits die menschliche Technik ein, indem der Film eine Mähmaschine mit einem Grashüpfer vergleicht, der in dem zu mähenden Feld sitzt.

Fungieren die Tiere in Eisensteins *Streik* und *Die Generallinie* vor allem als Objekte der wirtschaftlichen Verwertung, so werden sie in Pudowkins *Mechanik des Gehirns*, einem Lehrfilm über die Reflextheorie, vor allem zum Gegenstand der wissenschaftlichen Erforschung. Denn Pudowkins Film versucht, diese Theorie zunächst an Tieren zu demonstrieren. Dabei referiert er explizit auf ihren bekanntesten Vertreter, Pavlov, dessen Hundeexperimente zu bedingten und unbedingten Reflexen er nachstellt. Noch davor werden aber diverse Versuche an Fröschen gezeigt, die sich auf einfachere Aspekte der

4 Vgl. Bordwell: *The Cinema of Eisenstein*, S. 97.

5 Vgl. ebd., S. 100–101.

Reflexologie beziehen[6] und implizit auf Ivan Sečenov verweisen, welcher die Reflexlehre in den 1860er Jahren begründet hatte.[7] Eine dritte Gruppe von Experimenten wird mit Affen durchgeführt, die komplexeren Reizen ausgesetzt werden. Alle diese Versuche finden im sozialen Raum des Labors statt, in dessen Nähe bereits die Sowchose von Eisensteins Film *Die Generallinie* gerückt wurde. Der Anfang von *Mechanik des Gehirns* wiederum zeigt verschiedene Tiere in einem zoologischen Garten, bei dem es sich, wie gegen Margarete Vöhringer einzuwenden ist, nicht um „Natur" handelt,[8] sondern um einen Ort, der genauso der menschlichen Kontrolle untersteht wie das Labor, auch wenn er nicht der wissenschaftlichen Untersuchung, sondern einer öffentlichen Zurschaustellung der Tiere dient. Die kontrollierende Funktion der Laborräume wird formal dadurch unterstrichen, dass in diesen alle Reize, die nicht Teil der Experimente sind, so weit wie möglich unterdrückt werden. Das betrifft zunächst interne Stimuli, da die Laboratorien weitestgehend entleert sind.[9] Es bezieht sich aber auch auf die Außenreize. Denn so wie Pavlovs Institut von solchen externen Störfaktoren sorgfältig abgeschirmt war,[10] sind die Labore von Pudowkins Film meist durch eine Wand nach hinten und eine Tischplatte nach unten abgeschlossen. Zusätzlich verengt werden die Bildräume durch den Einsatz von Irisblenden, was übrigens auch für die Aufnahmen aus dem Zoo gilt.

Nicht anders als in den beiden Filmen Eisensteins schließt die Unterwerfung der Tiere unter die Menschen auch in *Mechanik des Gehirns* gewalttätige Eingriffe in die Integrität ihrer Körper ein. Das beginnt hier mit dem Anlegen von Fisteln an den Wangen der Hunde, setzt sich mit der elektrischen und chemischen Reizung der Hunde und Frösche fort und endet mit der Abtrennung von Froschschenkeln sowie der Entfernung von Teilen der Hunde- und Affengehirne. Andererseits nehmen die Menschen in *Mechanik des Gehirns* nicht nur

6 Vgl. Barbara Wurm: „Streng genommen reflexartig". Ivan Michajlovič Sečenov und die Gründungsmythen des russischen Reflex-Imperiums. In: *Berichte zur Wissenschaftsgeschichte* 32,1 (2009), S. 14–35, hier S. 16.

7 Vgl. Amy Sargeant: *Vsevelod Pudovkin. Classic Films of the Soviet Avant-Garde.* London / New York: I.B. Tauris 2000, S. 35.

8 Margarete Vöhringer: *Avantgarde und Psychotechnik. Wissenschaft, Kunst und Technik der Wahrnehmungsexperimente in der frühen Sowjetunion.* Göttingen: Wallstein 2007, S. 144.

9 Vgl. ebd., S. 153, 161.

10 Vgl. Sargeant: *Pudovkin*, S. 40.

die Rolle von Experimentatoren, sondern auch diejenige von Probanden ein. Da der Film unter anderem das Phänomen der Konditionierung darstellt, handelt es sich dabei um Personen mit geistigen Störungen, Jugendliche und Kinder, von denen sich letztere ohnehin noch in der Erziehungsphase befinden.[11] Damit kommen neben der Physiologie und der Ethologie noch zwei weitere Wissenschaften, nämlich die Pädagogik und die Psychiatrie, sowie neben Pavlov und Sečenov noch zwei weitere Forscher, nämlich Pavlovs Schüler N. Krasnogorskij und sein Konkurrent Vladimir Bechterev, ins Spiel.[12]

Pudowkins Film zieht aber zwischen den Versuchstieren und den Versuchspersonen Parallelen und reißt damit ebenfalls die Grenze zwischen Animalität und Humanität ein. So behauptet ein Zwischentitel, dass unbedingte und bedingte Reflexe neben dem Verhalten der Tiere auch dasjenige der Menschen determinierten. Und die Bilder bestätigen das, indem sie diese Reflexe nicht nur an den Tieren, etwa an dem Speichelfluss und den motorischen Abwehrreaktionen der Hunde, vorführen, sondern auch an den Menschen, wenn sie beispielsweise der Unbedingtheit der Abwehr-, Nahrungs- und Greifreflexe eines Säuglings die Bedingtheit seines Saugreflexes gegenüberstellen.[13] Der theoretischen Parallelisierung von Tieren und Menschen entspricht, dass letztere in *Mechanik des Gehirns* ähnlich wie erstere behandelt werden. Denn auch einige der menschlichen Probanden sind im Labor zu sehen, wo sie ähnlich wie die Frösche und Hunde an Apparaturen angeschlossen werden und ein Junge sogar ebenfalls mit einer Fistel versehen wird. Und auch wenn andere Probanden in psychiatrischen Einrichtungen, Kliniken und Kindergärten gezeigt werden, sind letztere ebenfalls von allen unerwünschten Reizen gereinigt.[14]

Da der Affe üblicherweise als ein dem Menschen besonders ähnliches Tier gilt, legt seine Wahl als Versuchstier die Vermutung nahe, die von Pudowkins Film betriebene Analogisierung von Tieren und Menschen ziele auf eine Angleichung der ersteren an letztere ab. Diese Vermutung wird auch durch den Rekurs auf Pavlov unterstützt, da dieser Tiere manchmal ebenfalls anthropomorphisierte. Weil Pavlov

11 Vgl. Vöhringer: *Avantgarde*, S. 111, 114–115.

12 Vgl. ebd., S. 132, 134, 136–137, 141.

13 Vgl. ebd., S. 111, 145.

14 Vgl. ebd., S. 153.

aber die von ihm beabsichtigten Experimente aus ethischen Gründen nicht am Menschen durchführen wollte, schlug dieser Anthropo- in einen Theriomorphismus um. Dabei fungierten insbesondere die Hunde als Modell des Menschen, weil sie mit diesem laut Pavlov durch ein historisches und ökologisches Interdependenzverhältnis verbunden seien.[15] Pavlov war demnach von der „Übertragbarkeit der Konditionierung vom Hund auf den Menschen" überzeugt:[16] „Am Hund wurde der Mensch als Reflexwesen erzeugt."[17]
Diese Reduktion des Menschen auf ein Tier hing mit einer zweiten Reduktion, derjenigen psychischer auf physiologische Phänomene, zusammen,[18] die etwa in Pavlovs Behauptung zum Ausdruck kam, die Sprache sei nichts anderes als ein zweites Signalsystem,[19] und die schon von Sečenov antizipiert worden war, welcher alle willkürlichen Akte auf eine zentrale Hemmung des Nervensystems zurückgeführt hatte.[20] Pudowkin sah daher in Pavlovs Reflextheorie eine Erhärtung der materialistischen Weltanschauung auf dem Gebiet der Psychologie,[21] die er seinerseits durch seinen Film bestätigen wollte.[22] Dementsprechend führen die Zwischentitel von *Mechanik des Gehirns* aus, dass das gesamte Leben und die gesamte Kultur aus Reflexen aufgebaut seien und dass der bedingte Reflex die Grundlage für ein materialistisches Verständnis des Verhaltens von Tier und Mensch bilde. Mit dem Materialismus der Reflexlehre im Einklang steht ferner das große Gewicht, das der Film auf das Gehirn legt, da dieses die materielle Basis des Verhaltens darstellt. So sollen Hirnschäden bei einem Teil der Versuchspersonen und die chirurgische Entfernung von Teilen des Gehirns bei einigen Versuchstieren belegen, dass dieses Organ die notwendige Bedingung für bestimmte Fähigkeiten bildet. In diesem Zusammenhang wird auch eine explizite Animalisierung vorgenommen, wenn ein Zwischentitel verkündet, dass ein

15 Vgl. Benjamin Bühler / Stefan Rieger: *Vom Übertier. Ein Bestiarium des Wissens.* Frankfurt am Main: Suhrkamp 2006, S. 126–128; Sargeant: *Pudovkin*, S. 42.

16 Vöhringer: *Avantgarde*, S. 171.

17 Bühler / Rieger: *Übertier*, S. 130.

18 Vgl. ebd., S. 129–130.

19 Vgl. Sargeant: *Pudovkin*, S. 42–43.

20 Vgl. Wurm: Sečenov, S. 28–30.

21 Vgl. Wsewolod Pudowkin: *Die Zeit in Großaufnahme. Erinnerungen, Aufsätze, Werkstattnotizen.* Berlin: Henschel 1983, S. 44.

22 Vgl. Sargeant: *Pudovkin*, S. 40.

junger Mann mit geistiger Behinderung ein Gehirn auf dem Entwicklungsstand eines Fisches besitze. Wenn wiederum ein anderer Titel feststellt, dass die Gehirnzentren des Menschen und die der höheren Tierarten an ähnlichen Stellen lokalisiert seien, wird die Annäherung von Mensch und Tier im konzeptuellen Raum an eine solche im physischen Raum zurückgebunden. Implizit werden die Menschen auch dadurch auf die Ebene der Tiere gestellt, dass sie häufig wie diese bei der Nahrungsaufnahme, also bei der Befriedigung eines basalen körperlichen Bedürfnisses, gezeigt werden.

Margarete Vöhringer und Michael Hagner vertreten die These, Pudowkins Film habe die Reflexlehre nicht nur darzustellen, sondern zugleich auf seine Rezipienten anzuwenden versucht. So habe Pudowkin das Medium Film selbst, insbesondere die Filmmontage, als einen Stimulus zur Bildung bedingter Reflexe begriffen und diese Funktion im Fall von *Mechanik des Gehirns* der Öffnung und Schließung der Irisblenden zugewiesen, die aufgrund ihrer Analogie zu den von Pavlov beschriebenen Prozessen der Erregung und Hemmung den Zuschauer desorientieren und damit von seinen erworbenen Reflexen befreien sollten.[23] Und weil man seit dem Ende des 19. Jahrhunderts davon ausging, dass Aufmerksamkeit an Reizveränderungen gebunden sei, sollte hierdurch zugleich der Weg zu einer Rekonditionierung geöffnet werden.[24] Diese Deutung ist wenig überzeugend, weil sie durch keinerlei Aussagen von Pudowkin selbst gestützt wird. Denn obwohl dieser mit den anderen Vertretern des Montagekinos die Auffassung teilte, dass das Ziel der Filmkunst in einer möglichst effektiven Einwirkung auf den Zuschauer bestehe, fasste er diese Wirkungsästhetik nicht in reflexologische Begriffe. Tatsächlich waren Pudowkins Konditionierungsbemühungen nicht auf den Raum des Kinosaals, sondern auf den des Filmstudios gerichtet: Anstatt mit *Mechanik des Gehirns* die Rezipienten abzurichten, musste er bei der Produktion dieses Films die tierlichen, kindlichen und geistig gestörten Darsteller dressieren, da diesen die Kooperationswilligkeit professioneller Schauspieler abging. Wie Pudowkin in einem kurzen Essay über den Film schrieb, geschah das zunächst

23 Vgl. Vöhringer: *Avantgarde*, S. 122–123.

24 Vgl. Margarete Vöhringer / Michael Hagner: Vsevolod Pudovkins *Mechanik des Gehirns* – Film als psychophysisches Experiment. In: *Bildwelten des Wissens* 2,1 (2004), S. 82–92, hier S. 84–85, 87.

durch den Einsatz von Stimuli in der vorfilmischen Realität, nämlich durch „natürliche[r] Reizmittel" bei einem kleinen Kind und „Geräusche, Fütterung oder andere Reizmittel" bei einem Seelöwen.[25] Im letzteren Fall, so Pudowkin in seinem Buch *Über die Filmkunst*, wurde das widerspenstige Zufallsmaterial aber auch unter Zuhilfenahme der Montage gebändigt, da die Bewegung des Seelöwen aus drei unterschiedlichen Einstellungen zusammengesetzt wurde.[26]

In Wirklichkeit war es Eisenstein, der seine Filme als Kombinationen unterschiedlicher Reize verstand, die im Zuschauer bestimmte Reflexe auslösen sollten – womit nun nach der Stadt, dem Land und dem Labor noch ein vierter sozialer Raum, das Kino, ins Spiel kam. Denn obgleich Eisenstein auch von der Gestaltpsychologie und der Psychoanalyse beeinflusst war,[27] bezog er sich in seinen theoretischen Texten primär auf die Reflextheorie. Und das betraf keineswegs nur seine erste Montagekonzeption, die Attraktionsmontage, sondern auch alle folgenden Montageästhetiken der Stummfilmperiode. Ungeachtet der Tatsache nämlich, dass Eisensteins Montagetheorie schon in dieser ersten Phase einige einschneidende Veränderungen erfuhr, behielt sie eine wirkungsästhetische Ausrichtung bei, die der Regisseur stets in Begriffen der Reflexologie beschrieb,[28] auch wenn er dabei unterschiedliche Typen und Relationen von Stimuli im Blick hatte: Bereits in dem 1923 verfassten Essay „Montage der Attraktionen", der noch nicht auf den Film, sondern auf das Theater bezogen war, entwarf Eisenstein das Programm einer Ästhetik, bei welcher der Rezipient mittels Attraktionen in gezielter Weise geformt werden sollte.[29] Dabei deutete sich in der Forderung, dass die Attraktionen unverbunden aufeinanderfolgen und zugleich „*experimentell erprobt und mathematisch auf bestimmte emotionale Erschütterungen des Rezipierenden hin durchgerechnet*"[30] werden sollten, ein Verständnis derselben als Erreger unbedingter Reflexe an. Mit der ein Jahr später in dem Aufsatz

25 Pudowkin: *Zeit*, S. 49–50.

26 Vgl. Wsewolod Pudowkin: *Über die Filmtechnik*. Zürich: Arche 1961, S. 122–124.

27 Vgl. Oksana Bulgakowa: Eisenstein und die deutschen Psychologen. Sergej Eisenstein und sein „psychologisches" Berlin – zwischen Psychoanalyse und Gestaltpsychologie. In: Dies. (Hrsg.): *Herausforderung Eisenstein*. Berlin: Henschel 1989, S. 80–91.

28 Vgl. Bordwell: *Eisenstein*, S. 116.

29 Vgl. Sergej Eisenstein: Montage der Attraktionen. In: Ders.: *Das dynamische Quadrat. Schriften zum Film*. Leipzig: Reclam 1991, S. 10–16, hier S. 11–12.

30 Ebd., S. 12, Hervorhebung im Original.

„Montage der Filmattraktionen" erfolgenden Übertragung der Attraktionsmontage vom Theater auf den Film wurde diese Gleichsetzung von Attraktion und Reizerreger explizit. Und zugleich bestand die Attraktion nun aus zwei gekoppelten Reizen, von denen der stärkere seine Wirkung an den schwächeren abgeben sollte, um im Betrachter einen konditionierten Reflex zu erzeugen:[31] Jetzt ging es darum, „eine neue Kette von bedingten Reflexen zu schaffen, und zwar über das Assoziieren ausgewählter Erscheinungen mit den (durch entsprechende Techniken) hervorgerufenen unbedingten Reflexen".[32] Als Eisenstein wiederum Ende der 1920er Jahre das Konzept der intellektuellen Montage entwickelte, wurden zwar die emotionalen durch intellektuelle Wirkungen ersetzt. Da aber auch „der Erkenntnisprozess" nichts anderes als eine „Vergrößerung der Anzahl bedingter Erreger" sei, „die von Seiten des betreffenden Subjekts zu aktiver reflektorischer Reaktion neigen", sollte sich auch der intellektuelle Film „das gesamte Arsenal von Einwirkungen durch visuelle, auditive und biomotorische Reizerreger" aneignen.[33] Bei der zeitgleich entstandenen Theorie der Obertonmontage schließlich wurden weiterhin höhere auf niedere Reize reduziert, weil sich hinter dem Psychischen nicht anders als hinter dem Physiologischen eine Nerventätigkeit verberge. Neu waren jedoch der Hinweis darauf, dass jede filmische Einstellung neben einem dominanten stets noch weitere, obertonale Reize enthalte, und das Bestreben, auf die Erhebung eines Reizes zur Dominanten zu verzichten und stattdessen mit Summen mehrerer gleichberechtigter Reize zu arbeiten.[34]

Da die Reflexlehre aber, wie oben gesehen, zunächst an Tieren entwickelt und erst danach auf den Menschen übertragen wurde, reduzierte Eisensteins reflexologische Wirkungsästhetik den Zuschauer genauso auf ein Tier, wie in seinen Filmen die menschlichen Figuren animalisiert wurden. Dabei spielten die Tiere gerade in jenen beiden Filmen Eisensteins eine zentrale Rolle, die den Anfang und das Ende der reflextheoretischen Montagekonzeption markierten. So

31 Vgl. Bordwell: *Eisenstein*, S. 119.

32 Sergej Eisenstein: Montage der Filmattraktionen. In: Ders.: *Das dynamische Quadrat*, S. 17–45, hier S. 24.

33 Sergej Eisenstein: Perspektiven. In: Ders.: *Das dynamische Quadrat*, S. 58–71, hier S. 63, 69.

34 Vgl. Sergej Eisenstein: Die vierte Dimension im Film. In: Ders.: *Das dynamische Quadrat*, S. 90–108, hier S. 92–95.

wie Eisenstein nämlich die Assoziationsmontage in *Streik* realisierte, setzte er die Obertonmontage in *Die Generallinie* um. Und interessanterweise gelangten beide Montagemethoden vor allem in solchen Passagen der Filme zur Anwendung, in die in besonders hohem Maße Tiere involviert waren. Denn als paradigmatisches Beispiel einer pavlovianischen Attraktionsmontage,[35] genauer: einer „assoziative[n] Kopplung“[36], gilt gemeinhin die zwischen der Erschießung der Arbeiter und der Schlachtung der Rinder alternierende Schlusssequenz von *Streik*: Sie sollte das spontane Erschrecken des Rezipienten über die Details der Schlachtung auf die Niederschlagung des Streiks übertragen. Die Obertonmontage wiederum fand ihre klassische Realisierung in jenem Segment von *Die Generallinie*, das eine kirchliche Regenprozession so in Szene setzte, dass als Dominante der rein physiologische Reiz der steigenden Hitze fungierte, während die Obertöne durch aufkommenden Wind, schmelzende Kerzen, das zunehmende Delirium der Teilnehmer und nicht zuletzt das stärker werdende Zittern von Schafen gebildet wurden, die dem Verdursten nahe waren.[37] In Momenten wie diesen besetzten die Tiere des sowjetischen Montagekinos zwei Orte zugleich: Anfang und Ende der Reiz-Reaktions-Kette, den Raum vor wie auf der Leinwand.

35 Vgl. Érik Bullot: Les Nuages d’Hamlet. In: *Vertigo* 19 (1999), S. 95–99, hier S. 99.

36 Eisenstein: Filmattraktionen, S. 22.

37 Vgl. Eisenstein: Dimension, S. 94, 106.

Habitat Bühne

Theatertheriotopologie in Joseph Beuys: *I like America and America likes me* (1974)

Esther Köhring

> Ein weißer, fast leerer Raum mit drei Fenstern. Stroh, Zeitungen und Filz auf dem Boden, im Raum zwei Lebewesen, nebeneinander und aufeinander bezogen: Eine Filzskulptur, aufgerichtet, der eingewickelte Mann ist auf diesem Bild nicht zu sehen. Ein aus der Skulptur herausragender Hirtenstab. Ein Kojote zerrt am Filz.
> New York, Galerie René Block, 23.–25. Mai 1974. Der Mann: Joseph Beuys. Der Kojote: Little John. Die Fotografin: Caroline Tisdall.
> Nicht auf ihrem Bild: Der raumhohe und -breite Maschendrahtzaun, der den Galerieraum in zwei ungleich große Teile teilt, und die Zuschauer, die auf der anderen Seite stehen, den Kojoten und den Mann beobachten. Im Zuschauerraum auch Tisdall, die durch die Maschen des Zaunes hindurch fotografiert und diese Bilder später zusammen mit einem Essay veröffentlichen wird.[1]

Die von Beuys, Little John und Tisdall 1974 produzierten ikonischen Bilder begleiten seither den Diskurs über Mensch und Tier sowie deren Begegnung, Kommunikation und Konfrontation.[2] Die Aktion *I like America and America likes me* wird nicht nur seit den 1980er Jahren als Gründungsmoment der Performance Art verhandelt, mit den neueren Diskussionen um die Rolle von Tieren als Akteure der Kunstproduktion avancierte sie zudem zum Standardbeispiel für ethische und ästhetische (Un-)Möglichkeiten von Tieren auf Theaterbühnen.[3] Der Fokus liegt dabei meist auf der Interspecies-Begegnung und

1 Bildbeschreibung EK von Caroline Tisdall: *Joseph Beuys Coyote*. München: Schirmer/Mosel 2008, S. 93.

2 Vgl. ebd., S. 4: „In den zweiunddreißig Jahren seit der Erstveröffentlichung dieses Buches ist kaum ein Monat vergangen, in dem ich nicht Anfragen nach Photos von diesem so ungewöhnlichen wie sinnfälligen Dialog zwischen Mensch und Tier, Vertretern unterschiedlicher Spezies, erhalten hätte."

3 Vgl. für neuere Forschung, auch im Kontext der Animal Studies, insb. Giovanni Aloi: Different Becomings. In: *Art & Research* 4,1 (2011), S. 1–10; David Williams: Inappropriate(d) Others. The Difficulty of Being a Dog. In: *The Drama Review* 51,1 (2007), S. 92–118; Andrea Philipps: A Dog's Life. In: *Performance Research* 5,2 (2000), S. 125–130; Kirsten C. Voigt: Joseph Beuys. I like America and America likes me. Beuys' Arbeit mit Tieren – Studien im anthropologischen Feld. In: Regina Haslinger (Hrsg.): *Herausforderung Tier. Von Beuys bis Kabakov*. München: Prestel 2000, S. 62–75.

Kommunikation. Eine Analyse der bisher wenig beachteten Relation zwischen Raum, Theater und Tier ermöglicht hingegen, das durch diese Aktion konstituierte Theatertier[4] als Reflektionsfigur zu begreifen, an der nicht bloß Tiere, sondern Theater-Tier-Raum-Ordnungen mit ihren ästhetisch-epistemologischen Bedingungen und Effekten verhandelt werden: Theatertheriotopologie.[5]

Eine kleine Biologie des Bühnentiers[6] – und seines Habitats

Tiere auf Bühnen sind nicht die gleichen Tiere wie jene in der Wildnis, im Text, im Zoo, im Körbchen oder auf dem Teller. Die Fragen der Tiere stellen sich daher nicht nur Spezies-spezifisch, sondern auch je anders für unterschiedliche Umwelten und Räume. Das Bühnentier ist bestimmt durch die Matrix des Theaters mit ihren semiotischen und phänomenologischen Effekten: Durch die Rahmung wird seine Präsenz zum Zeichen, und doch durchschlägt es das Regime der Repräsentation. Es nimmt eine dritte Position ein: es ist ein Bühnentier. Es entsteht aus dieser Spannung, immer wieder neu konfiguriert in einem Wechselverhältnis mit den Dispositiven, Medien und Raum-Anordnungen des Theaters. Die Vorstellungen davon, was ein Tier, aber auch davon, was Theater ist, werden historisch variabel aneinander verhandelt, die Fragen nach dem einen stellen sich unter den Bedingungen des anderen und umgekehrt.

Dabei ist das Tier des Habitats Bühne nicht nur Ergebnis von Konstitutions- und Determinationsprozessen, sondern selbst Akteur. Der biologische Terminus „Habitat", der den Raum(typus) bezeichnet, in dem ein Organismus lebt bzw. in dem eine reproduktive Population

4 Im Folgenden wird unterschieden zwischen Bühnentieren (Tieren auf Bühnen – unabhängig von ihrem Status als lebendig, dargestellt, referenziert etc.) und Theatertieren (Tieren des Theaters, d.h. Reflektions- und Denkfiguren des Theaters).

5 Roland Borgards: Wolf, Mensch, Hund. Theriotopologie in Brehms Tierleben und Storms Aquis Submersus. In: Joseph Vogl / Anne von der Heiden (Hrsg.): *Politische Zoologie*. Zürich / Berlin: Diaphanes 2007, S. 131–147, hier: S. 131, definiert die Theriotopologie als „Wissenschaft von der sozialen, politischen, juridischen und psychologischen Lesbarkeit der Tiere und ihrer Orte im Raum der Kultur". Anders als die hier gemeinten Texttiere sind Bühnen- und Theatertiere sowohl im Raum der Kultur verortet als auch in konkreten Architekturen.

6 Vgl. zu dieser Formulierung Vinzenz Hediger: Kleine Biologie des Filmtiers. Am Beispiel von Fischli/Weiss, ‚Ratte und Bär'. In: Sabine Nessel / Winfried Pauleit / Christine Rüffert / Karl-Heinz Schmid / Alfred Tews (Hrsg.): *Der Film und das Tier. Klassifizierungen, Cinephilien, Philosophien*. Berlin: Bertz+Fischer 2012, S. 27–32.

von Spezies leben kann,[7] ist die seit Ende des 18. Jahrhunderts gebräuchliche Substantivverwendung jener Verbform, mit der Linné ab 1753 seine Artikel einleitete: „habitat…“, also „bewohnt“.[8] Habitat impliziert einen relationalen Raum, „ein immer schon bewohntes Ergebnis heterogener sozialer Begegnungen, wobei nicht alle Akteure Menschen sind“[9]. Auch wenn sich in der Bedeutungsverwendung ein Wandel von der Praxis zur Essenz vollzog[10] und die Idee, dass Raum und Organismus gemeinsam „einen Organismus höherer Ordnung bilden“ in den Begriff des „Ökosystems“ verlagert wurde,[11] ist die Denkfigur Habitat durch die Tätigkeit des Bewohnens (habitat…) gebildet: Die Bewohnenden werden nicht nur determiniert, sondern produzieren das Habitat mit.

Diese Betrachtung des Bühnentiers als eigene Art nimmt die These Klaus Amanns auf, dass die Eigenschaften einer Labormaus mehr vom Habitat Labor („Laboratop“) als von ihrem natürlichen Lebensraum („Biotop“) bestimmt, Haus- und Labormaus daher keine gleichen Organismen (mehr), sondern „fundamental unterschiedene“[12] epistemische Objekte und entsprechend auch ihre epistemischen Räume inkompatibel und autonom seien. Am Bühnentier zeigt sich aber, dass es verschiedene Tierdispositive/-räume materiell-semiotisch (in einer Verschlingung von Präsenz und Repräsentation) verbinden kann.[13] Bühnentiere werden durch die Raumanordnungen des

7 Zur historischen Entwicklung und systematischen Abgrenzung des Begriffs Habitat vgl. den Artikel Biotop. In: *Historisches Wörterbuch der Biologie. Geschichte und Theorie der biologischen Grundbegriffe*, Bd. 1, hrsg. v. Georg Töpfer. Stuttgart: Metzler 2011, S. 305–319.

8 Vgl. Carl von Linné: *Species Plantarum.* Stockholm 1753; vgl. auch Töpfer: Biotop, S. 306.

9 Donna Haraway: Otherworldly Conversations; Terran Topics, Local Terms. In: *Science as Culture* 3,1 (1992), S. 64–98, hier S. 67. Zum relationalen Raum vgl. auch Martina Löw: *Raumsoziologie.* Frankfurt am Main: Suhrkamp 2001.

10 Vgl. Fahim Amir / Christina Linortner: Die Verstädterung der Arten. In: *Dérive* 51 (2013), S. 4–7.

11 Vgl. Töpfer: Biotop, S. 305.

12 Vgl. Klaus Amann: Menschen, Mäuse und Fliegen. Eine wissenssoziologische Analyse der Transformation von Organismen in epistemische Objekte. In: Michael Hagner / Hans-Jörg Rheinberger / Bettina Wahrig-Schmidt (Hrsg.): *Objekte – Differenzen – Konjunkturen. Experimentalsysteme im historischen Kontext.* Berlin: Akademie 1994, S. 259–289, hier S. 271.

13 Vgl. zur Frage, inwiefern dies auch für das Labortier gilt, Ulrike Bergermann: Igel testen. Zum Eingreifen in media und science studies. In: Dies. / Andrea Sick (Hrsg.): *Eingreifen. Viren, Modelle, Tricks.* Bremen: Thealit 2003, S. 101–115.

Theaters – sowohl durch die jeweilig aktuellen Settings als auch die kulturell tradierten und dadurch wirksamen Dispositive – mitproduziert und produzieren diese selbst mit, indem sie kulturelle Praktiken, Konzepte und Epistemologien performen.

Kojotenhabitat Bühne

I like America and America likes me verkreuzt nicht nur Beuys und die USA, sondern auch zwei Raumdispositive: Schaustellung und White Cube. ‚Bühne' ist nicht nur jener Teil des Raumes, den Little John betreten darf, sondern diese Verkreuzung. Die verkreuzten Dispositive sind selbst bereits Tier-Raum-Ordnungen: Die Schaustellung bringt Raum-Praktiken der Mensch-Tier-Beziehung, insbesondere der Tierschau, ins Spiel, der White Cube ist die Architektur einer tiertheoretischen Kernfrage; Schaustellung handelt von der Sichtbarmachung von Tieren, White Cube von Dekontextualisierung und Freistellung.

Das Modell der Schaustellung wird durch den Gitterzaun aufgerufen. Die Zweiteilung des Galerieraumes konstituiert einen Raum der Darstellung und einen des Zuschauens, ermöglicht so die ‚artistic performance' im Unterschied zum ungebrochenen Ritual.[14] Gerahmt durch den Galerieraum bleibt die Trennung als solche im Sichtfeld und macht andere kulturelle Formen der Zurschaustellung von Mensch und Tier wie den Zoo körperlich erfahr- und ein Zurückblicken des Zurschaugestellten denkbar. Die Zuschauer nehmen sich als Anblickende wahr, auch ohne dass das Tier von der Bühne tatsächlich zurückblicken muss.

Komplexer ist die Funktion des White Cube. Er ist „weniger ein Ort (Topos) als vielmehr eine Trope"[15], also eine Figuration aus Theorie, Architektur und Praktiken der „An-Ordnung von Zeigen – Sehen – Gesehenwerden"[16]. Der White Cube thematisiert das Wechselspiel

14 Vgl. Erika Fischer-Lichte: Der Künstler als Schamane: Anmerkungen zur Aktion ‚Coyote: I like America and America likes me' von Joseph Beuys. In: *Jenseits der Grenzen. Französische und deutsche Kunst vom Ancien Régime bis zur Gegenwart.* Köln: Dumont 2000, S. 230–240, hier S. 237.

15 Iris Dressler: Politiken des Zu-Sehen-Gebens. In: Barbara Büscher / Verena Eitel / Beatrix von Pilgrim (Hrsg.): *Raumverschiebung Black Box – White Cube.* Hildesheim: Olms 2014, S. 75–90, hier S. 76.

16 Vgl. Barbara Büscher / Verena Eitel / Beatrix von Pilgrim: Einleitung. In: Dies. (Hrsg.): *Raumverschiebung Black Box – White Cube*, S. 5–8, hier S. 5.

von Dekontextualisierung und Kontextfeedback[17] und, da in ihm die theatralen Raumordnungen des fiktionalen/referentiellen und des faktischen/materiellen zusammenfallen, auch das Schwanken der Bühnentiere zwischen Referenz und Präsenz. Seine Architektur entspricht der Frage nach der Erkennbarkeit von Tieren und bildet das utopische Gegenbild zur rahmenden Bühne: Kann man Tiere im White Cube aus Kontexten und kulturellen Einschreibungen lösen, so dass ein ‚Tier an sich' erkennbar wird?

Laut Beuys[18] zielte seine Aktion nicht auf das Tier, sondern auf die energetische Heilung Amerikas, die erreicht werden soll, indem zwei Trickster, Schamane und Kojote, in einem extraterritorialen Raum mitten in Amerika miteinander reagieren. Durch den Schamanen werde die Kommunikation mit dem Kojoten möglich, der als Vertreter seiner „Gruppenseele" die vergessene Kontinuität zwischen Europa und Amerika repräsentiere. Die Entfremdung der USA von ihren spirituellen Wurzeln (Kojote als Gottheit der Indianer wurde zum Outlaw der Weißen) und das amerikanische Trauma der Vernichtung der Indianer solle in einem Ritual geheilt werden. Indem „das Tier zum Menschen erlöst" werde, solle der Mensch zu seiner eigentlichen Freiheit gelangen und der Kontakt zu einem Amerika, das zugleich vergessen und noch kommend sei, hergestellt werden. Betrachtet man diese Aussagen nicht als Interpretation, sondern als Teil des Werkes, wird deutlich, dass sie erstens von Raumanordnungen handeln und zweitens selbst eine Funktion in diesen haben.

Denn erstens basiert *I like America and America likes me* auf Extraterritorialität, die Beuys performativ und narrativ inszeniert. Dies gilt für seine Fahrt vom Flughafen zur Galerie (in einem Krankenwagen, getragen auf einer Liege und in Filz isoliert) ebenso wie für die objektiv falsche, aber konstitutiv bedeutsame Behauptung, er habe während dieser Aktion nie amerikanischen Boden betreten.[19]

Zweitens finden sich die Deutungen Beuys' in den die Aktion umrahmenden Interviews[20] und in Tisdalls Essay (der eher eine Montage

17 Vgl. Brian O'Doherty: *In der weissen Zelle – Inside the white cube (1976)*. Berlin: Merve 1996.

18 Diese Darstellung und die Beuys-Terminologie folgen Uwe Schneede: Joseph Beuys. Die Aktionen. Ostfildern-Ruit: Hatje Cantz 1998, S. 330–340.

19 Selbst wenn man den Galerieraum als Ausnahmeraum anerkennt, hielt sich Beuys nicht ununterbrochen darin auf, sondern nur drei Arbeitstage à acht Stunden.

20 Vgl. Joseph Beuys / Carin Kuoni: *Joseph Beuys in America. Energy Plan for the Western Man.* New York: Four Walls Eight Windows 1993.

aus Beuys-Zitaten als eine Beschreibung ihrer eigenen Seherfahrung darstellt), die darin genutzte (als vom Kojotenrhythmus gelenkt behauptete) Dramaturgie beeinflusst auch den Bildaufbau Tisdalls und den Schnitt des Dokumentarfilms von Wietz.[21] Diese Paratexte sind Teil des die Aktion selbst überdauernden Werks. Sie erzeugen als ‚Beuyspeak' eine diskursive Geschlossenheit: Die Kontrolle der Kontexte „allowed Beuys to present his own testimony as sovereign in matters of interpretation, whereby art becomes a kind of 'permanently live recording of the artist permanently, presently speaking'".[22] Damit nutzt die Aktion mehr als nur szenografisch die konzeptionelle Reinheit des White Cube, die als ästhetisch und politisch totalitär kritisiert werden kann:

> Das Problem des White Cube [...] ist die Behauptung seiner Neutralität. Wenn wir davon ausgehen, dass es grundsätzlich kein neutrales Zu-Sehen-Geben von Kunst gibt, dann geht es darum, diese Nicht-Neutralität, das heißt die diskursiven und ideologischen Tiefenräume dieses Zeige-Gestus sowie die Positionen und Beziehungen, die darüber hergestellt werden, verhandelbar zu machen: die Ein- und Ausgrenzungen, [...] Heilung, Deutung und Bedeutung [...].[23]

Die behauptete Extraterritorialität und die inszenierte Abgeschlossenheit ersetzen Geschichte durch Mythos, rationalistische Politik durch esoterische Spiritualität, sie ontologisieren und dehistorisieren die Kontexte.[24] Theatertheriotopologisch aber ist Extraterritorialität einerseits die Architektur der Frage nach dem Tier als Ready Made, injiziert in einen neutralen Raum, und andererseits die Möglichkeitsbedingung der Aktion: Indem er den White Cube narrativ und performativ herstellt und ihn durch ein autodiegetisches Verweissystem (individuelle Mythologie) aus gefilterten Kontexten als extraterritorial stabilisiert, schafft Beuys einen apolitischen, ahistorischen Reinraum zur Materialisierung eines Gedankenexperiments. In diesen Raum

21 *I like America and America likes me. One Week's Performance on the Occasion of the Opening of the René Block Gallery, New York, May 1974*. BRD 1978, R: Helmut Wietz.

22 Matthew Gandy: Contradictory Modernities. Conceptions of Nature in the Art of Joseph Beuys and Gerhard Richter. In: *Annals of the Association of American Geographers* 87,4 (1997), S. 639–659, hier S. 646. Vgl. auch Terry Atkinson: Beuyspeak. In: David Thistlewood (Hrsg.): *Joseph Beuys. Diverging Critiques.* Liverpool: Liverpool University Press 1995, S. 165–176.

23 Dressler: Politiken des Zu-Sehen-Gebens, S. 76.

24 Vgl. Gandy: Contradictory Modernities, S. 646: „Beuys reworked a historical tradition in a contemporary context by suppressing the social and historical basis of his work".

bringt er Agenten ein, die dann von den Umständen unkorrumpiert miteinander interagieren können sollen. Der ‚Beuyspeak' dekontextualisiert und konstituiert die Bühne als White Cube und essentialisiert den Kojoten als Ready Made mit komplexer Ontologie: So wie in der Bildbearbeitung ein Motiv von seinem störenden Hintergrund gelöst wird (der aber als Abwesenheit konturiert und umso anwesender ist), soll also auch der Kojote in seiner vollen semiotischen Tiefe und seiner ganzen phänomenalen Wucht freigestellt werden, so dass seine ‚Aufladung' dennoch erhalten bleibt. Beuys' Kojote verweist nicht mehr auf seine Geschichte, seine zoopolitische und zoologische Verfasstheit, sondern auf sich selbst, und dadurch werden seine Bedeutungen und Wirkungen für die selbstreferentielle Metaphorik verfügbar. Beuys essentialisiert dabei sowohl die kulturelle Aufladung des Kojoten als auch seine organische Präsenz.

Kojote *habitat*… Bühne

Die Verkreuzung der beiden Dispositive macht diese analysierbar: Das Schaustellungsdispositiv des Theaters wird durch die Verlagerung in die Galerie, die Überlagerung mit dem White Cube, selbst ausgestellt. Und durch die Überlagerung mit der Schaustellung wird die epistemologische Funktion des White Cube, die sich unsichtbar macht, wieder sichtbar und zeigt sich als Praktik der Mensch-Tier-Beziehung und als Denkfigur der Tiertheorie. Diese Verkreuzung wird ermöglicht durch den Kojoten, der als Kippfigur die beiden Raumordnungen verbindet. Beuys' Ritual beruht auf den Wissensbeständen, die das Tier Kojote mit sich bringt, der White Cube ermöglicht die Freistellung der ‚Energie der Kontexte' und ihre Überführung in einen gegen ebenjene Kontexte abgeschlossenen Ausnahmeraum.

Aber ein kursorischer Blick auf diese Kontexte zeigt: Der Kojote ist ein Tier der Grenze, der Grenzüberschreitung, des Weder-Noch und der Verwandlung. Und als theriotopologischer Trickster, als das paradigmatische Raum-Un-Ordnungstier, ist er nicht nur Objekt von Raum-Wissens-Ordnungen, sondern ihr Agent. Theriotopologien sind häufig Grenzräume, Tiere in Theoriotopologien Objekte von inkludierenden Exklusionen.[25] Der Kojote ist aber nicht nur der

25 So schreibt Roland Borgards: Wolf, Mensch, Hund, S. 131, dass „diese Orte zumeist Grenzorte darstellen, insofern an und mit diesen Grenztieren immer Aus- und Einschlusspraktiken – inkludierende Exklusionen von Wildheit und Gewalt – verbunden sind".

amerikanische Outlaw, sondern – in der Mythologie[26] ebenso wie in der Zoopolitik[27], in der Biologie[28] und in der Theorie[29] – ein Trickster und Grenzauflöser. Der Kojote überwindet Grenzen nicht einfach nur, sondern nutzt sie als Passagen, bewohnt Grenzen zwischen Territorien, Arten, Zeitaltern und binären Codes wie gut und böse.
Beuys' Kojote ist eine Reflektionsfigur für Grenzüberwindungen, indem er Grenzen überschreitet. Sein habitat… des Habitats Bühne bringt eigene Raum-Indizes auf die Bühne, und dadurch macht er die Raumordnungen der Beuys-Bühne als theoriotopologisches Dispositiv sichtbar. Und damit werden Theatertheriotopologien selbst zum Gegenstand der ästhetischen Untersuchung, Beuys' Kojote vom Bühnen- zum Theatertier.
Die Aktion wird auch unter dem Alternativtitel *Coyote* geführt, vermutlich infolge von Tisdalls Fotoessay *Joseph Beuys Coyote*. Ein weiterer Chiasmus verkreuzt nicht nur Mensch und Tier, sondern Beuys' Kojote (sein Bühnentier Little John) und Beuys' *Coyote*, die Aktion bzw. das von ihr freigesetzte Theatertier, das sich verselbständigt hat.
Giovanni Aloi schreibt über das Verhältnis von Titel und Tier:

> Ultimately, the symbolic significations of the coyote are rendered indissoluble from the animal by the title of the piece, where *I Like America, and America Likes Me* anchors the presence of the coyote to an effective metaphorical embodiment of America, more than that of an animal defined by its own animality.[30]

In der Aktion werden die tierliche Präsenz ebenso wie die kulturellen Bedeutungen essentialisiert und naturalisiert, um sie in einer Art freigestelltem Gleichgewicht zu halten. Die Arbeit ist nicht nur eine These über das Verhältnis von Präsenz und Repräsentation von Bühnentieren, sondern ein Modell für das Verhältnis des Theaters zu dieser Spannung. Das heißt: nicht das Tier wird durch den Titel

26 Vgl. J. Frank Dobie: *The Voice of the Coyote.* Boston: Little, Brown & Co. 1949; Paul Radin: *The Trickster. A Study in American Indian Mythology. With Commentaries by Karl Kerényi and C. G. Jung.* London: Routledge 1956.

27 Vgl. zu den vergeblichen ‚Coyote Wars' Charles Cadieux: *Coyotes. Predators and Survivors.* Washington: Stone Wall Press 1983.

28 Vgl. zur unklaren Spezies Dobie: *The Voice of the Coyote*, und Cadieux: *Coyotes.*

29 Vgl. z. B. zum Archetypen C. G. Jungs Paul Radin: *The Trickster*; vgl. zum Kojoten als Theoriefigur mit Agency (‚coyote') Donna Haraway: The Actors Are Cyborgs, Nature is Coyote and the Geography is Elsewhere: Postscript to 'Cyborgs at Large'. In: Dies.: *Technoculture.* Minneapolis: Minnesota University Press 1991, S. 21–26.

30 Aloi: Different Becomings, S. 4.

in seiner Metapher verankert, sondern die Aporien des Bühnentiers ankern am Titel, werden zitierbar.

The Choreography of Cohabitation: Antonia Baehr

Der mit *I like America and America likes me* begründete künstlerisch-wissenschaftliche Diskurs lässt sich damit als Auswilderung eines Theatertiers beschreiben: Das spezifische Bühnentier dieser Aktion kann als eine kulturelle Form des menschlichen Umgangs mit Tieren zitiert werden, Signifikationen und Konzepte, Praktiken und Wissen und Präsenzeffekte mit sich tragend, und dabei als aktive Reflektionsfigur für das Nachdenken des Theaters über seine Tiere dienen, also als Theatertier.

Während die Topologie der Aktion wissenschaftlich weitgehend unbeachtet blieb, wird sie in vielen künstlerischen Re-Enactments und Auseinandersetzungen implizit oder explizit thematisiert. So vertauscht Oleg Kulik in seiner Performance *I bite America and America bites me* (New York 1997) nicht nur die Rollen von Zuschauern, Künstler und Tier (Kulik verkörpert einen Hund, einzelne Zuschauer können sich mit ihm konfrontieren, während der Rest zuschaut) – sondern ersetzt auch die Überlagerung der Dispositive durch eine Verschachtelung: sein Setting ist ein White Cube im White Cube.

Auch in Antonia Baehrs Sonic Lecture Performance *My Dog is my Piano* (2012) wird explizit nicht ein Tier auf eine Bühne eingebracht, sondern eine Theatertheriotopologie, wie sie die Bühne von Beuys' Aktion bildete, selbst auf die Bühne gesetzt, in einer Reflektion zweiter Ordnung über Bühnentiere und ihr Habitat/habitat…

> Auf der Bühne ein performender Mensch im dreiteiligen Anzug: Antonia Baehr. Mit ihr auf der Bühne: zwei Plattenspieler auf dem DJ-Pult, ein Overheadprojektor, ein Notenständer. Abwesend, nicht repräsentiert, aber präsent: Baehrs Mutter Bettina von Arnim, deren Hund Tocki, und das von Mutter und Hund gemeinsam bewohnte Haus in Südfrankreich. Vier Pfoten und zwei Füße treppauf treppab, Kratzspuren an der Tür und Hundehaar im Staubsauger, Hecheln und Liebkosen, I juxtapose, I magnify. Ach Mensch Hund, ja wie klingt es denn, das animot? Dokumente, Spuren, Nachzeichnungen, Überschreibungen, Scores, choreo-graphein, Weiterverfolgungen.[31]

Baehr untersucht die Relation zwischen Mutter, Hund und Haus, indem sie etwa die Atemgeräusche und Schritte von Mutter und Hund über die Gegenüberstellung und Mischung von Tonspuren

31 Aufführungsnotizen EK, *My Dog is my Piano* (UA 2012, Antonia Baehr).

vergleicht. So wird ein *companion species* hörbar – als ein Haustier im Wortsinne: seine Sichtbarkeit wird hergestellt durch das Nachzeichnen und Überschreiben von Spuren, die der Hund im Haus hinterließ, mit Overheadprojektor, Videoprojektion und Stift. Diese Überschreibungen produzieren wiederum den Score für den dritten Teil der Performance, in der *companion species* in ihren co-konstitutiven Beziehungen mit Räumen hörbar werden.

Indem Baehr nicht die Aporien eines Bühnentiers im vermeintlich leeren Raum untersucht, sondern eine Tier-Mensch-Raum-Konstellation mittels der Bühne, fragt sie nicht mehr nach der Wirkweise eines essentialisierten und essentialisierenden Ortes, sondern nach den ästhetischen, epistemologischen und politischen Funktionen von Theater-Tier-Raum-Anordnungen. Beuys' Kojote wird dabei nicht als Bild anzitiert, sondern als theatertheriotopologische Denkfigur. Es entsteht eine performative Reflektion über das Habitat Bühne: Mit der *Choreography of Cohabitation*, so der Titel des zweiten Teils der Performance, erlangt das substantivierte Habitat die Performativität des habitat… zurück. Baehr bindet es zurück an die Kulturtechniken und Raum-Anordnungen des Theaters und öffnet es zugleich für eine Ökologie des Theaters, in der jedes Habitat ein cohabitat… ist: gestaltet, konstruiert und letztlich als theatral konstituiert von anwesenden wie abwesenden Menschen, Räumen und Tieren.

Die Zuweisung von Lebensräumen

Raum-Tiere und Tier-Räume

Konzepte der Räumlichkeit von Vögeln in bürgerlichen Wissenskulturen des 19. und frühen 20. Jahrhunderts

Ulrike Heitholt / Dominik Mahr

Seit der Antike oszilliert die menschliche Wahrnehmung von Vögeln zwischen zwei Polen. Gewisse Arten wurden als einfache Nutztiere erachtet, wohingegen andere in Kunst, Literatur sowie den Wissenschaften als bewunderte Sehnsuchts- oder Untersuchungsobjekte in Erscheinung traten. Diese Ambivalenz steigerte sich im 19. Jahrhundert in dem Maße, wie das Verhältnis zwischen Menschen und Vögeln zu einem Gegenstand von Identitätsbildungs- und Differenzierungsprozessen im Zuge der Verbürgerlichung der deutschen Gesellschaft wurde und die Vogelwelt dabei als eigener Akteur in Erscheinung treten konnte.[1] Befördert wurde dies in der deutschen Gesellschaft des 19. und frühen 20. Jahrhunderts insbesondere durch die Ausweitung des Weltverkehrs,[2] ökonomische Neuorientierungen, die kolonialen Erfahrungen des Kaiserreichs und die Ausdifferenzierung des bürgerlichen Vereinswesens.[3]

Diese sozio-kulturellen Entwicklungen schlugen sich, wie wir mit diesem Beitrag skizzieren möchten, in neuen Vogel-Mensch-Beziehungen nieder, deren Charakteristikum variable Konzepte der Räumlichkeit der gefiederten Mitwesen waren.[4] Hierbei handelte es sich

1 Siehe Dominik Mahr: *Citizen Science. Partizipative Wissenschaft im späten 19. und frühen 20. Jahrhundert* (= *Wissenschafts- und Technikforschung* 12). Baden-Baden: Nomos 2014, S. 57–149.

2 Vgl. Markus Krajewsky: *Restlosigkeit. Weltprojekte um 1900.* Frankfurt am Main: S. Fischer 2006.

3 Vgl. Andreas W. Daum: *Wissenschaftspopularisierung im 19. Jahrhundert. Bürgerliche Kultur, naturwissenschaftliche Bildung und die deutsche Öffentlichkeit 1848–1914.* 2., erg. Aufl. München: Oldenbourg 2002.

4 Der vorliegende Artikel versteht sich als empirischer Beitrag zu der seit den 1980er Jahren in den Geschichts-, Kultur- und Sozialwissenschaften geführten Diskussion um die Einbeziehung des geografischen Raums als kulturell wirkmächtigen Faktor. Zum Stand der Theoriediskussion sowie deren philosophisch-historische Grundlegung vgl. u. a. Jörg Dünne / Stephan Günzel (Hrsg.): *Raumtheorie. Grundlagentexte aus Philosophie und Kulturwissenschaften.* Frankfurt am Main: Suhrkamp 2006; Jörg Döring / Tristan Thielemann (Hrsg.): *Spatial Turn. Das Raumparadigma in den Kultur- und*

um Entwicklungen, die sich an ökonomischen, kulturellen und wissenschaftlichen Schnittstellen vollzogen und sich z.T. in konkreten Praktiken manifestierten.

Zur Verdeutlichung dessen möchten wir zwei kulturelle Felder vorstellen, die innerhalb weniger Dekaden stark voneinander abweichende Praktiken der spatialen Lokalisierung von Vögeln hervorbrachten: die Feldornithologie und die Geflügelzucht. Beide markieren einerseits Extrempositionen im Spektrum dessen, wie das Verhältnis von Mensch, Vogel und Raum in der bürgerlichen Kultur des Untersuchungszeitraums realisiert werden konnte. Andererseits ist beiden Feldern jedoch zugleich ein komplexes Wechselspiel gemein zwischen Tendenzen zur Öffnung und Tendenzen zur Begrenzung der Räumlichkeit der Tiere seitens menschlicher Akteure.

Im ersten Teil unseres Beitrags umreißen wir, wie in der deutschsprachigen (überwiegend in Vereinen organisierten) Feldornithologie der Jahrhundertwende der Raum des Untersuchungsgegenstands „Vogelwelt" konzeptuell und methodisch immer weiter geöffnet wurde und zwar im Wechselspiel mit einer raschen Abkehr von klassisch naturhistorischen Idealen sowie einer parallel verlaufenden Öffnung des Gebietes gegenüber einer breiten bürgerlichen Öffentlichkeit.

Im zweiten Teil des Beitrags wenden wir uns der ebenfalls in der Form des Vereins organisierten Geflügelzucht zu, die vor dem Hintergrund allgemeiner Ökonomisierungstendenzen (Effizienz, Vergleichbarkeit etc.) schrittweise einer Nivellierung der räumlichen Spezifizität des Tieres Vorschub leistete und diese auf stark beschränkte „Tier-Räume" reduzierte. Exemplarisch hierfür waren eine verstärkte Käfig- und Stallhaltung. Komplementär hierzu entwickelte sich das Geflügel jedoch auch für einige Akteure zu einem Liebhaberobjekt.

Im dritten Teil des Beitrags führen wir unsere Ergebnisse unter der Perspektive von Wandlungen in den Raum- und Mensch-Tierbeziehungen zusammen.

I. Räumlichkeit, Naturgeschichte und Feldornithologie

Vögel gehören zu den räumlich variabelsten Lebensformen unseres Planeten. Dieses Wissen, diese Einordnung erscheint uns heute

Sozialwissenschaften. Bielefeld: Transcript 2008. Für die Anschlussfähigkeit der Diskussion an die Human-Animal-Studies siehe auch Jody Emel / Chris Wilbert / Jennifer Wolch: Animal Geographies. In: *Society & Animals* 10 (2002), S. 407–412.

selbstverständlich, sowohl in alltagskultureller als auch in naturwissenschaftlicher Perspektive. Insbesondere die Verbreitung und das Zugverhalten diverser Vogelarten werden gegenwärtig z. B. mit hochprofessionellen radiotelemetrischen Methoden oder aber auch unter Einbeziehung einer breiten Öffentlichkeit mittels partizipativer Beobachtungsprojekte untersucht.[5]

Diese raumorientierte Perspektive auf die Vogelwelt war den naturhistorisch orientierten Ornithologen des 18. und der ersten Hälfte des 19. Jahrhunderts völlig fremd. Deren Wissenschaftskultur orientierte sich nicht an der Kategorie des Raumes, sondern fokussierte vielmehr naturphilosophisches und naturhistorisches Ordnungsdenken.[6] Der Ort der Vögel wurde weder in der Natur noch in Lebensräumen oder Verbreitungsgebieten gesehen und gesucht, sondern vielmehr im taxonomischen System des Carl von Linné (1707–1778). Zugespitzt gesagt: Vögel existierten für klassische Naturhistoriker lediglich im Format der taxonomischen Kategorie und als nach morphologischen Kriterien mit anderen taxidermisch aufbereiteten Tieren vergleichbares Balgpräparat. Man suchte sie nicht in der Natur, man interessierte sich nicht für ihre Räumlichkeit. Wenn man wie beispielsweise Georges-Louis Leclerc de Buffon (1707–1788) mitunter auch mit lebenden Tieren arbeiten wollte, dann suchte man deren Raumverhalten beispielsweise mittels Volieren und Käfigen zu beschränken.

Die Kategorie des Raumes wurde erst im Verlauf des 19. Jahrhunderts für eine wissenschaftliche oder wissenschaftsnahe Auseinandersetzung interessant, und zwar in einem komplexen Wechselspiel von wissenschaftlichen Entdeckungen – wie diejenigen von Charles Darwin (1809–1882) (Evolutionstheorie) und Alfred Russel Wallace (1823–1913) (Tiergeografie) – und sozio-kulturellen Wandlungen.

Bevor wir auf diesen Wandel en détail eingehen, möchten wir im Folgenden jedoch noch der weitgehend nicht-räumlichen

5 Mahr: *Citizen Science.* Zur Geschichte der radiotelemetrischen Methode Etienne Benson: *Wired Wilderness. Technologies of Tracking and the Making of Modern Wildlife.* Baltimore: Johns Hopkins University Press 2010. Exemplarisch für rezente Beobachtungsprojekte sind die seitens des Naturschutzbund Deutschland e. V. (NABU) jährlich veranstaltete „Stunde der Gartenvögel" und die „Stunde der Wintervögel". Vgl. die Informationen auf der Homepage des NABU: https://www.nabu.de/index.html (Zugriff am 25.05.2014).

6 Staffan Müller-Wille: Naturgeschichte. In: *Enzyklopädie der Neuzeit*, hrsg. v. Friedrich Jäger, Bd. 8. Stuttgart: Metzler 2008, S. 1175–1196.

Abb. 1
Daniel Chodowiecki: *Der Ornithologe* (1772), sign. i. d. Platte Orig. (D. Chodowiecki del & Sculp), Engelmann 88 II.

Konzeptualisierung der Vogelwelt im 18. und der ersten Hälfte des 19. Jahrhunderts mithilfe der Analyse eines Kupferstichs von Daniel Chodowiecki (1726–1801) aus historischer Perspektive weitere Plastizität verleihen.

Beschränkung der Räumlichkeit im Ordnungsdenken der Naturgeschichte

Im Jahr 1772 fertigte der Berliner Grafiker und Künstler Chodowiecki die Druckgrafik *Der Ornithologe* an. Hierbei handelte es sich um eine Auftragsarbeit für den berühmten französischen Naturforscher Buffon. Buffon nutzte sie schließlich als Titelkupfer für sein neuestes Werk, die *Naturgeschichte der Vögel*.[7]

7 Georges-Louis Leclerc de Buffon: *Herrn Buffons Naturgeschichte der Vögel*, u. Mitarb. v. Friedrich Heinrich Wilhelm Martini / Bernhard Christian Otto. Brünn: Joseph Georg Trassler 1786.

Als Titelkupfer eines wissenschaftlichen Werkes hatte die Grafik u.a. die Funktion, den Leser auf das Thema des Buches einzustimmen und einen Einblick in dessen Erarbeitung zu bieten. Hiermit bietet sie uns nicht nur Aufschluss über die ornithologische Wissenschaftskultur des Ancien Régime, sondern auch über ihren Umgang mit ihrem Forschungsgegenstand (vgl. Abb. 1).

Im Bild wird eine spezifische Forschungshaltung idealisiert, nämlich diejenige des sich kontemplativ in seinen Forschungsgegenstand vertiefenden naturhistorischen Einzelforschers.[8] Ebenso wird dessen naturhistorische Forschungsmethode vorgeführt. Der bis in die späten Abend- oder Morgenstunden arbeitende, in einen Nachtrock gekleidete Gentleman vergleicht die morphologischen Merkmale der präparierten Vögel seiner im Regal und auf dem Tisch befindlichen Sammlung. Hierzu verwendet er diverse Bestimmungsbücher und bildliche Abbildungen. Das mutmaßliche Ziel: die taxonomische Einordnung und Benennung des Materials, mitunter sogar die Entdeckung einer Subvarietät oder sogar neuen Art.

Es war also eine Ornithologie, die die Vogelwelt nur mithilfe von Präparaten und Hilfsmitteln erschloss und für die Vögel als lebende Objekte ebenso fremd waren wie in ihrem Lebensraum frei bewegliche Geschöpfe. Der Raum der Vögel beschränkte sich für den Naturhistoriker nahezu vollständig auf Nomenklaturen und Regalmeter.

Öffnung des Raums im Kontext der bürgerlichen Feldornithologie

Ganz anders begann man in Deutschland ab der Mitte des 19. Jahrhunderts die Spatialität der Vogelwelt zu konzipieren.

Für diesen Wandel zeichneten jedoch nicht in erster Linie die professionellen Ornithologen an den Hochschulen und den Museen verantwortlich, denn diese orientierten sich noch immer an den naturhistorischen Methoden. Vielmehr waren es private, in sogenannten bürgerlichen Naturvereinen wie der Deutschen Ornithologischen Gesellschaft (DOG) organisierte Amateure, die mit eigenen Ideen an wissenschaftlichen Fragestellungen partizipieren wollten.[9] Sie setzten bewusst auf Perspektiven und Methoden, die sie in ihre entstehende bürgerliche Lebenswelt integrieren konnten, die zugleich aber auch

8 Vgl. Mahr: *Citizen Science*, S. 57–69.

9 Anton Reichenow / Alexander Bau / Rudolf Blasius / Herman Schalow: Aufruf an alle Vogelkenner Deutschlands! In: *Journal für Ornithologie* 48 (1876), S. 107–111.

einen Kontrast zu der als „verknöchert" und „philatelistisch" wahrgenommenen klassischen Ornithologie bildeten.[10]

Befördert durch eine deutschlandweite Popularisierung von Wallace' *Die geografische Verbreitung der Thiere* aus dem Jahr 1876 begannen sich die Mitglieder der DOG schließlich für Verbreitungs- und Zugerscheinungen in der Vogelwelt zu interessieren.[11] Fragen, denen die Vereinsmitglieder sowohl im Rahmen von sonntäglichen Spaziergängen als auch mithilfe von gemeinsamen Feldexkursionen nachgehen konnten.

Im Zuge dessen wurden Vögel nun nicht mehr als unbelebte Objekte wahrgenommen, sondern als lebendige und räumlich hochgradig variable Geschöpfe. Diese Variabilität, die selbst zum zentralen Gegenstand der im Verein betriebenen Forschung wurde, stellte die Forschenden jedoch auch vor neue organisatorische Herausforderungen. Denn wie sollten einige wenige nur lokal organisierte Personen ein so umfassendes und geografisch ausgreifendes Phänomen in den Griff bekommen?[12]

II. Räumlichkeit und Geflügelzucht

Ein anderer Teil der Vogelwelt war für die Menschen seit der Antike vor allem seiner Eier, seines Fleisches oder seiner Federn wegen interessant: das Geflügel. Mit der Domestizierung der Wildarten war zugleich ihr sozio-kultureller Raum bestimmt: Sie lebten als Haus- bzw. Nutztiere bei den Menschen. Die mit Abstand verbreitetste

10 Vgl. Bernhard Rensch: *Kurze Anweisung für zoologisch-systematische Studien.* Leipzig: Akad. Verlagsgesellschaft 1934, und NL Ernst Mayr. Ka. 4, Mp. 4 (Hartert-Korrespondenz 1928), Bl. 1–3 (Staatsbibliothek zu Berlin – Preußischer Kulturbesitz, Handschriftenabteilung).

11 Alfred Russel Wallace: *Die geographische Verbreitung der Thiere. Nebst einer Studie über die Verwandtschaften der lebenden und ausgestorbenen Faunen in ihrer Beziehung zu den früheren Veränderungen der Erdoberfläche.* Mit 7 Karten und 20 Illustrationen. Autorisierte deutsche Ausgabe von Adolf Bernhard Meyer. Dresden: Zahn 1876. Siehe auch ders.: Ein Brief über die geographische Verbreitung der Vögel. In: *Journal für Ornithologie* 8 (1860), S. 47–53.

12 Vgl. hierzu Johannes Thienemann: *Vom Vogelzuge in Rossitten* [1931], Reprint. Melsungen: AULA 1996, S. 301. Thienemann, einer der führenden Feldornithologen seiner Zeit, schrieb bezüglich des Problems von avifaunärer Räumlichkeit und menschlicher Beobachtungsmöglichkeit folgendes: „Der lokale Beobachter ist zu sehr an die Scholle, an Raum und Zeit gebunden, und die Vögel sind doch die beweglichsten Geschöpfe". Siehe auch ders.: Vom Vogelzug. In: Ders.: *Rossitten*, S. 4. Für eine wissenshistorische Reflexion dieser Problematik siehe Mahr: *Citizen Science.*

Geflügelart waren Hühner, sie waren überall anzutreffen, vornehmlich auf dem Lande.

Das Zusammenleben von Mensch und Huhn gestaltete sich in Europa bis in das 19. Jahrhundert hinein als relativ zwanglos (abgesehen von Perioden systematischer Zuchtbestrebungen in der Antike und im Mittelalter)[13]: Hühner liefen in der Regel frei auf den Höfen, Wiesen und Äckern herum, bekamen die Abfälle aus der Hauswirtschaft zu fressen, suchten sich weiteres Futter und ihre Partner selbst und fanden zum Schlafen gegebenenfalls in den Ställen der anderen Tiere Platz.[14] Ihre natürliche Rauminanspruchnahme war (zumal im Vergleich zu den im vorherigen Fallbeispiel besprochenen Zugvögeln) zudem durch ihre anatomischen Eigenschaften beschränkt: Hühner können nicht fliegen, höchstens flattern sie ein paar Meter weit, und sind sie zwar recht fix auf den Beinen, so doch nicht sehr ausdauernd. Auch über den Handel kamen sie nicht weit, er war regional beschränkt. So blieben die sogenannten Landhühner unter sich, es bildeten sich nicht zuletzt durch die Umwelt bedingte regionale Ausprägungen, die Landschläge.

Vor Ort waren die Grenzen ihres Raumes eher fließend, sie erweiterten ihn gerne eigenmächtig und drangen dabei auch in menschliche Räume vor: Die bestellten Felder waren eine beliebte Futterquelle. Sehr zum Ärger der Landwirte: Sie sahen Hühner vor allem als „notwendiges Übel“ an – notwendig und geduldet der Eier wegen.[15] Die wurden weitgehend für den Eigenbedarf verwendet, sie brachten der Frau des Landwirts allenfalls ein kleines Zubrot ein.[16]

13 Vgl. Roy Crawford: Origin and History of Poultry Species. In: Ders. (Hrsg.): *Poultry Breeding and Genetics*. Amsterdam: Elsevier 1990, S. 14–15; Margaret E. Derry: *Art and Science in Breeding. Creating Better Chickens*. Toronto / Buffalo / London: University of Toronto Press 2012, S. 12–13; Friedrich Eberhard Zeuner: *Geschichte der Haustiere*. München: Bayrischer Landwirtschaftsverlag 1967, S. 380; Norbert Benecke: *Der Mensch und seine Haustiere*. Stuttgart: Theiss 1994, S. 371.

14 Vgl. Christina Schwarz: *Die Landfrauenbewegung in Deutschland*. Mainz: Gesellschaft für Volkskunde in Rheinland Pfalz 1990, S. 101–102.

15 Vgl. z. B. Alfred Beeck: *Baldamus' illustriertes Handbuch der Federviehzucht. Die Federviehzucht als Wirtschaftszweig und Liebhaberei*, Bd. 1: Allgemeines, Hühnervögel, Wirtschaftsgeflügelzucht. 4. Aufl. Berlin: Schmidt 1908, S. 11: Im 19. Jahrhundert „fing man an, das Geflügel als notwendiges Übel zu betrachten“. „Notwendiges Übel“ war ein stehender Begriff für Geflügel, er zieht sich durch die zeitgenössischen Veröffentlichungen und Quellen.

16 Vgl. Schwarz: *Landfrauenbewegung*, S. 101–102.

Im 19. Jahrhundert nun begann sich diese Konstellation zu ändern. Der Raum der Hühner öffnete sich, gleichzeitig wurde er aber auch beschränkt. Dabei wandelte sich die Beziehung zum Menschen.

Öffnung des Raums

Mitte des 19. Jahrhunderts bekamen die heimischen, bodenständigen Hühner in Europa Gesellschaft. Verantwortlich dafür war nicht zuletzt der sich ausweitende Weltverkehr. Kaufleute brachten aus Asien ein bis dato in Europa unbekanntes Huhn nach England: das nach seiner Herkunft bald so genannte Cochinchina-Huhn. Es war viel größer als die heimischen Vertreter, trug Federn an den Beinen und legte selbst im Winter Eier. Das englische Publikum, vorwiegend „royalty and upper classes", war entzückt. Als weitere derartige Hühner folgten, gab es kein Halten mehr, die ‚*hen-craze*' brach aus:

> Poultry … became immensely popular, their monetary value increased greatly, and selective breeding began in earnest. […] Poultry breeding and keeping became a favored hobby of royalty and the upper classes. Huge sums of money were spent in acquiring breeding stock both locally and from abroad, competitive showing was started, and distinctive breeds and varieties proliferated, all with the objective of perfecting feather and form.[17]

Die Begeisterung schwappte auf den Kontinent über und mündete sogleich in eine Vereinsgründung. In Görlitz rief 1852 der Kaufmann Robert Oettel den „Hühnerologischen Verein" ins Leben. Ziel war zunächst der gemeinschaftliche Ankauf ausländischer Hühnerrassen, alsbald fühlten sich die Züchter aber auch berufen, die heimische Geflügelzucht „zu heben" und mit einer Verbesserung der Leistung der Tiere auch die Volkswirtschaft auf diesem Gebiet anzukurbeln. Gelingen sollte dies mit gezielter Rassegeflügelzucht. Der Hühnerologische Verein fand schnell überall in Deutschland Mitglieder und Anhänger, und rasch gründeten sich weitere Geflügelzuchtvereine.[18] Um sie zu versorgen, richtete der Hühnerologische Verein eine Eierversendestelle ein: Von 1855 bis 1878 wurden aus Görlitz rund 70.000 Bruteier verschickt, sorgfältig in eigens angefertigten Transportboxen verpackt.[19] Sie kamen allerdings weniger in der Landwirtschaft an,

17 Crawford: *Poultry Breeding*, S. 44.

18 Zum Beginn der systematischen Geflügelzucht in Deutschland siehe zusammenfassend Ulrike Heitholt: Zwischen Liebhaberei und Wirtschaftlichkeit – die Anfänge der Geflügelzucht in Westfalen. In: *Westfälische Forschungen* 62 (2012), S. 223–224.

19 Vgl. Robert Oettel: *Der Hühner- oder Geflügelhof, sowohl zum Nutzen als zur Zierde.* Weimar: Voigt 1879, S. 128.

dort, wo die Geflügelhaltung zur Erzeugung von Lebensmitteln ihren angestammten Raum hatte, sondern vor allem in der Bürgerschaft: Aus ihren Reihen stammten die meisten Züchter.
So öffnete sich der Raum für Hühner auf mehreren Ebenen. Zunächst wurde ihre lokale Beschränktheit aufgehoben. Hühner waren nicht mehr an eine Region gebunden, sondern sie wechselten die Kontinente, überschritten Länder- und Provinzgrenzen (oft noch im zarten Alter als Ei). Allerdings rührte die Motivation dazu nicht von ihnen selbst her, sondern von Menschen. Und die Öffnung galt nicht für alle Hühner: Mobil über lokale Grenzen hinweg wurden nur die „Rassehühner", die gemeinen Landhühner hingegen verblieben auf ihrer Scholle. Im besten Fall. Denn nach dem Willen der Züchter sollten sie möglichst schnell durch Rassetiere verdrängt, d.h. ersetzt werden.[20]
Darüber hinaus öffnete sich durch den Beginn der systematischen Zucht in den Vereinen auch der soziale Raum: Hühner waren nun auch in der bürgerlichen Welt (im bürgerlichen Raum) akzeptiert, zumindest sorgsam gezüchtete Rassehühner. In der Landwirtschaft hingegen blieben sie das „notwendige Übel", auch als Rassehühner.[21]

Beschränkung des Raums

Mit der systematischen Zucht hatte allerdings das freie Leben auf dem Land für die Hühner ein Ende. Die Züchter hatten bereits sehr früh erkannt, dass zu einer erfolgreichen Zucht nicht nur das Zusammenbringen bestimmter Tiere gehört, sondern auch passende Umweltbedingungen wie Schutz und Futter. Alles zusammen ließ sich mit einem entsprechenden Stall bewerkstelligen, und so enthielten die Ratgeber zur Geflügelzucht stets eine Beschreibung oder Anleitung zum Bau verschiedener geeigneter Varianten. Oft bis ins kleinste Detail wurden die Anforderungen beschrieben, von Schlafstangen und Nestern über Frischluftzufuhr bis zum Auslauf samt Sandbad. Auch der Platzbedarf eines Huhns wurde mitgeteilt.[22]

20 Vgl. Heitholt: Liebhaberei und Wirtschaftlichkeit, S. 224.

21 Ebd., S. 225–226.

22 Vgl. z. B. Bruno Dürigen: *Katechismus der Geflügelzucht.* Leipzig: J.J. Weber 1890, S. 172–173; Cäsar Rhan: *Das Goldene Buch des Landwirts.* Berlin / Leipzig / Wien / Stuttgart: Bong 1901, S. 562–563; Robert Oettel: *Die praktische Hühnerzucht.* Görlitz: Remer 1863, S. 7–8; Eduard Baldamus: *Die Federviehzucht vom wirthschaftlichen Standpunkte.* Dresden: G. Schönfeld 1876, S. 139–140.

Solch ein Stall ermöglichte zum einen die gezielte Auswahl der Zuchttiere. Über die Fallnesterkontrolle ließ sich die Legeleistung eines einzelnen Tieres genau feststellen[23]: Die Hühner konnten in ein Nest kriechen und ihr Ei legen, heraus kamen sie aber nicht von allein. So war klar, welches Tier das Ei gelegt hatte, und zusammen mit der entsprechenden Buchführung konnten die leistungsfähigsten Hühner identifiziert werden. Der Stall bot nun des Weiteren die Möglichkeit, die Tiere zu separieren und gezielt mit einem Hahn zusammenzubringen.

Auch die gezielte Fütterung war durch den Stall nun möglich. Die Hühner fraßen nicht mehr das, was sie zufällig fanden, sondern das, was ihnen die Menschen vorsetzten. Was das sein konnte, konnten diese ebenfalls aus den diversen Zucht-Ratgebern erfahren. In ihnen fanden sich Fütterungsempfehlungen für jede Gelegenheit und Rasse, samt genauer Beschreibung der Zusammensetzung.[24]

Darüber hinaus bot der Stall den Hühnern Schutz vor Witterung und Wildtieren, schützte also ihre Gesundheit und ihr Leben. Gleichzeitig war er ein Schutz für die Halter: Ihnen ging kein Tier verloren, und auch keines stiften.

Letztendlich aber schränkte der Stall nicht nur den geographischen Raum der Hühner ein, sondern griff auch in ihren ‚intimen' ein, indem er Menschen die Möglichkeit bot, ihr Futter- und Fortpflanzungsverhalten zu bestimmen.[25] So bedeutete der Stall eine massive Kontrolle der Hühner.

III. Raum-Wandel und Beziehungswandel

Die Veränderung des Raums der Hühner durch die Menschen kann als Indikator gesehen werden für einen Wandel der Beziehung zwischen Mensch und Huhn. Als „notwendiges Übel" waren Hühner zunächst wenig geschätzt, ebenso wenig beschränkt war ihr Raum. Die Hühner ‚revanchierten' sich mit recht wenigen Eiern. Mit ihrer Herauslösung aus dem ‚landwirtschaftlichen' Raum hinein in den ‚bürgerlichen' des Vereins stieg ihr Ansehen. Als Rassehühner waren

23 Auf der Produktion von Eiern lag zunächst das Hauptaugenmerk in Deutschland, die Fleischgewinnung spielte eine untergeordnete Rolle.

24 Siehe Anm. 22.

25 Mit der Einführung der künstlichen Brut erstreckte sich der Eingriff sogar auf den Prozess der ‚Geflügelwerdung' – das Ei hatte seinen Raum nicht mehr unter der Glucke, sondern im Brutkasten.

sie ein begehrtes Liebhaberobjekt, gleichzeitig wurden sie als wichtiges Wirtschaftsgut gesehen. Hühner konnten nun beides zugleich sein, schön und nützlich – die Ambivalenz in der Betrachtung löste sich in ihnen auf. So wurden Hühner – zumindest gezielt gezüchtete Hühner - wertvoll, so wertvoll, dass sie kontrolliert werden mussten. Und sie ‚revanchierten' sich, indem sie mehr Eier legten.[26]
Die Stand- und Zugvögel der Feldornithologen konnten sich im Zuge ihrer Spatialisierung nicht mit Eiern ‚revanchieren'. Stattdessen ermöglichten sie es ihren Beobachtern, eine neue, raumbezogene Form der Wissenschaft zu erkunden, die sich zugleich als anschlussfähig an bürgerliche Lebenswelten erwies und die den Tieren auch einen neuen Status ermöglichte. Aus dem toten taxonomischen Objekt waren individuelle, renaturalisierte Wesen geworden, die man in der freien Wildbahn beobachtete.

26 Aber nicht alle machten mit, weder Hühner noch Menschen. Bot sich den Tieren eine Möglichkeit, ihren Stall zu verlassen, so taten sie dies auch und machten sich auf Futtersuche. Und die Empfehlungen oder Anleitungen zur rentablen Geflügelzucht inklusive entsprechender Ställe wurden längst nicht in dem Maße umgesetzt, wie sich die Züchterlobby dies wünschte. So kam die Geflügelzucht (wenigstens bis zum Ersten Weltkrieg) noch nicht recht in Gang, und die Landhühner hielten sich hartnäckig.

Pferche
Der Gemeinplatz als (Nach-)Lebensraum

Matthias Preuss

> [Der] Gegenstand [der Ästhetik] bestimmt sich als unbestimmbar, negativ.[1]

Fluchtpunkt dieses Artikels ist der amphibische Charakter eines Gemeinplatzes und die damit verbundene Überlagerung von Topologien. Der Vorsatz besteht darin, zu untersuchen, wie die zugewiesenen virtuellen und reellen Habitate bestimmter Spezies, das Problem des Verkehrs zwischen Räumen und die Kapitalisierung von und mittels Tieren in Sprache interferieren.

Seit der Neolithischen Revolution ermöglichten Gatter und Pferche die Domestizierung sowohl menschlicher als auch nichtmenschlicher Tiere und banden sie in einem und an einen gem | einsamen Ort, der immer schon intern gespalten war.[2] Der Einschluss der Tiere vereinfachte entschieden deren Nutzung. Als Städte in der Moderne zu urbanen Zentren heranwuchsen und Ökonomien von Prozessen der Industrialisierung ergriffen wurden, intensivierten sich die Modi der Verwertung von Tieren in extremen Ausmaßen.[3] In Paris, der ‚Hauptstadt des 19. Jahrhunderts', wurde gegen Ende des Säkulums Schlachtvieh *en masse* aus der Peripherie in die Fleischfabrik La Villette verfrachtet, eingepfercht und für die Konsumption präpariert,[4] wobei Güter- und Personentransporte von fast einhunderttausend Pferden[5] bestritten wurden. Die Tötung der Tiere war zu diesem Zeitpunkt konzentriert und marginalisiert worden und vollzog sich fast

1 Theodor W. Adorno: *Ästhetische Theorie*. Frankfurt am Main: Suhrkamp 1970, S. 113.

2 Bernhard Siegert: parlêtres. Zur kulturtechnischen Gabe und Barre der anthropologischen Differenz. In: Anne von der Heiden / Joseph Vogl (Hrsg.): *Politische Zoologie*. Zürich / Berlin: Diaphanes 2007, S. 23–37, hier S. 31–34.

3 Thomas Macho: Tier. In: Christoph Wulf (Hrsg.): *Vom Menschen. Handbuch historische Anthropologie*. Weinheim: Beltz 1997, S. 62–84, hier S. 79–80.

4 1899 in *La Villette* geschlachtet: 245.745 Rinder, 220.413 Kälber, 1.680.281 Schafe, 200.315 Schweine. Vgl. N. N.: Abattoir and Cattle Market of La Villette, Paris. In: *Ice and Cold Storage* 4 (1901), S. 7–11.

5 Peter Soppelsa: The Instrumentalization of Horses in Nineteenth Century Paris. In: Rob Boddice (Hrsg.): *Anthropocentrism. Humans, Animals, Environments*. Leiden / Boston: Brill 2011, S. 245–264, hier S. 246.

unsichtbar. Im Folgenden soll es um theoretische, kulturgeschichtliche und literarische Spuren dieses Prozesses gehen.

Der Pferch als Begriffsraum

In *L'animal que donc je suis*, einem immensen, 1997 in Cerisy gehaltenen, zehnstündigen Vortrag positioniert sich Derrida, indem er eine Hypothese formuliert bezüglich der Grenze zwischen denen, die sich als ‚Menschen' bezeichnen, und dem (von ihnen) sogenannten ‚Tier'. Seine Meditation gilt dem Wort ‚Tier' oder kapitaler und bestimmter – und zumindest im repräsentativen wenn nicht generalisierenden Singular – der Verbindung ‚das Tier' im Gegensatz zu ‚dem Menschen'. „Tier, das ist ein Wort, das zu geben Menschen (*hommes*) sich das Recht gegeben haben. […] Sie haben sich das Wort gegeben, um eine Vielzahl an Lebenden unter diesem einen Begriff zusammenzupferchen."[6]

Derrida setzt zwischen den Spezies Differenzen voraus und erhält die Heterogenität der verschiedenen Lebensformen explizit aufrecht. Er wendet sich gegen das Auslöschen des Anderen und sträubt sich gegen jede Form biologischen ‚Kontinuismus'. Die Leugnung von Differenzen ist gerade in Hinblick auf Lebensformen für Derrida symptomatisch für schwere Fälle von *bêtise*, eines bestialischen Wahns von Philosoph_innen, der sich im unkomplizierten Gebrauch des Wortes ‚Tier' im ein- und ausschließenden Singular und in der Affirmation einer einfachen/einzigen und entscheidenden Demarkationslinie äußert.[7] Derrida verschreibt sich der Teilung (also der Kritik) der Grenze und nimmt sich vor, zu demonstrieren, dass sie keine ist – oder vielmehr, dass sie nicht eins/eine ist.

Besonders interessant ist an dieser Stelle die Topologie des Arguments. Räumliches und technisches Register überlappen in Derridas Position. Wort oder Kon*zept* ‚Tier' und die Sphäre der Kulturtechniken stehen in Wechselwirkung. Der Term ‚Pferch' bezeichnet

6 Jacques Derrida: *Das Tier, das ich also bin.* Wien: Passagen 2010, S. 58.

7 In Hans Blumenbergs Lektüre von Ludwig Wittgensteins Metapher der ‚Mauer um den Sumpf' zeigt sich eine verwandte Topologie begrifflicher Unbestimmtheit. Der ‚Sumpf', der dort nicht in den Griff zu kriegen ist, korrespondiert dem Gehalt des Pferchs. „Der *Sumpf* ist derart aber nicht das, wogegen nur *abgeschirmt* werden dürfte, sondern was *als* ‚unbestimmte Zone' mit-‚gedacht': das heißt aber gerade ‚|offen| gelassen' werden muß." (Bettine Menke: Sumpf und Mauer. Zur Philosophie der Unbestimmtheit. In: Anselm Haverkamp / Dirk Mende (Hrsg.): *Metaphorologie. Zur Praxis von Theorie.* Frankfurt am Main: Suhrkamp 2009, S. 316–338, hier S. 338.

verschiedene Typen von Umfriedungen, mit deren Hilfe Tiere eingeschlossen werden können. Das Einkreisen und Zusammenbinden von Tieren an einem/n gemeinsamen Ort garantiert deren Verfügbarkeit und Beherrschbarkeit. Sind sie festgesetzt, können Tiere problemlos in jede Art von Ökonomie eingespeist werden. Frei flottierende Tiere sind nicht in gleicher Weise *von Nutzen*. Derrida führt diese später Bemerkung weiter aus:

> Alles, was ich artikulieren möchte, wird beharrlich von einer kritischen Unruhe, ja einer Anfechtung geprägt sein, die sich unablässig wiederholt. Sie würde zuallererst und immer noch dem singularischen Gebrauch eines derart allgemeinen Ausdrucks wie „*Das Tier*" gelten, als ob alle nicht-menschlichen Lebenden in die allgemeine Bedeutung dieses „Gemeinplatzes", das *Tier*, eingruppiert werden könnten [...]. In diesem für alles Mögliche zu gebrauchenden Begriff, im weiten Feld des Tiers, im allgemeinen Singular, in der strikten Geschlossenheit dieses bestimmten Artikels wären, wie in einem Urwald, einem Zoo, einem Jagd- oder Angelrevier, auf einer Viehweide, in einem Schlachthof oder auf einem Abrichtungsgelände, *alle Lebenden* eingeschlossen, die der Mensch nicht als Seinesgleichen, als seine Nächsten oder seine Brüder anerkennen würde.[8]

Wiederum ist die gleiche räumliche Logik am Werk. Tiere werden im Begriffs-Pferch ihrer Freiheit beraubt wie in einem fragmentierten tropischen Regenwald, einem Zoogehege, einem Schlachthaus usw. Das Konzept wird zum ‚Gemeinplatz'. In Anführungsstriche gesetzt, ahmt das Wort schon den Gemeinplatz nach, der sich als Zitat maskiert, jedoch nicht als Zitat einer vereinzelten Stimme, sondern vieler Stimmen *unisono*. Was hier mit dem theoretischen Gemeinplatz auf dem Spiel steht, soll kurz in drei Bemerkungen umrissen sein:

1. Ein Gemeinplatz ist eine Formel – abgenutzt und mit Geschichte überladen. Er ist in das verstrickt, was *usus* ist: Gewohnheit, Habitus, Tradition. Er bezieht sich auf eine längst etablierte Praxis, die nicht mehr fragwürdig ist – eine automatisierte Kulturtechnik. Ein Gemeinplatz ist darüber hinaus ein philosophischer und literarischer *topos*, ein virtueller Raum, der stark frequentiert wird. Im Raum des Gemeinplatzes werden Denken und Schreiben durch habituelle Praxis kolonisiert.

2. Ein Gemeinplatz ist eine Plattitüde, ein seichter Gedanke, dem es an Tiefe mangelt – worunter gemeinhin verstanden wird, dass er jeglichen Inhalts entleert sei. Im Falle ‚des Tieres' umfasst er jedoch ‚alle nicht-menschlichen Lebenden'. Darüber hinaus hat der Gemeinplatz

8 Derrida: *Das Tier, das ich also bin*, S. 61.

einen nivellierenden Effekt (wie das *tableau* der klassischen Episteme). Er egalisiert, indem er Differenzen unsichtbar macht und eine Mannigfaltigkeit von Lebensformen unterschiedslos in einem konzeptuellen Pferch einschließt.

3. Der *sens commun*, den Derrida erwähnt[9], weist in Richtung einer kartesischen Rationalität, an der mutmaßlich nur menschliche Tiere Anteil haben und die mit dem Dogma der Tiermaschine verschränkt ist, das den Gemeinplatz ‚des Tiers' verstärkt und geltend macht. Gleichzeitig ist mit dieser Geste in Richtung eines sozialen Sensoriums und gesellschaftlicher Sensibilität das Feld der sinnlichen Wahrnehmung eröffnet, besonders im Hinblick auf das Visuelle. Der Pferch fungiert als Schirm, als eine Barriere, die Blindheit gegenüber dem hervorruft, was im Inneren stattfindet, und gleichzeitig Projektionen erlaubt.

‚Das Tier' ist ein Gemeinplatz und der Gemeinplatz ist für Derrida der Raum, die Bühne oder Szene der Theorie als Praxis der Domestikation, die eine Kapitalisierung von Tieren ermöglicht – sei es in ökonomischer, symbolischer, sozialer oder kultureller Form. Die begriffliche Tierbefreiung, die Derrida vorschlägt und durchzuführen sich vornimmt, impliziert ein Zurückweisen der Kontinuitätsthese. Er versucht *living things* zu reanimieren, die im begrifflichen Raum eingeschlossen und ruhig gestellt sind, und Passagen zu eröffnen, die einen regen Grenzverkehr erlauben. Er bezieht Stellung für eine Permeabilität der Begrenzungen. Sein perforierender Diskurs nimmt die Grenze als Schirm ins Visier, um die Zirkulation vormals kaschierter Bilder zu ermöglichen.

Einpferchen als Verstellung des Schlachtens

In seinem *Le sang des bêtes* betitelten Essay von 1981 widmet sich der vagabundierende Sozialhistoriker Maurice Agulhon dem Thema des Tierschutzes im Frankreich des 19. Jahrhunderts. Der Gemeinplatz wird in diesem Zusammenhang als Symptom eines (denk-)räumlichen Verdrängungsprozesses akut. Agulhon stellt die normativen Ordnungsversuche als metaphorischen Umweg dar. Indem man die Herren zähmt, das heißt ‚sekundäre' Misshandlungen von Haustieren, die unter Verdacht stehen, insurrektive Bestrebungen zu katalysieren und so Herrschaftsverhältnisse in Aufruhr zu versetzen, per Gesetz

9 Ebd., Anm. 103.

zu unterbinden sucht, soll das eigentliche und ‚vorrangige' Problem (mit)gelöst werden: Gewalttaten gegen menschliche Tiere. „Der Tierschutz verstand sich als Pädagogik, die Zoophilie als Philantropie. Es ging um das Verhältnis zum Menschen und nicht zur Natur."[10] Mit anderen Worten arbeitet Agulhon das Interesse am Wohl der Tiere als ein anthropozentrisches heraus, als ein spezifisches *Eigen*interesse und als ein *Klassen*interesse. Tierschutz erscheint aus dieser Perspektive als übercodiertes Herrschaftsinstrument.

Ein signifikantes Hindernis für die Erziehung des Pöbels zur Humanität stellt die allzu augenfällige Zirkulation von Blut in den Straßen von Paris dar. Zu Beginn des 19. Jahrhunderts sind die Metzgereien auf die Straße hin geöffnet und die Trottoirs sind auch schlachthandwerklicher Arbeitsraum. Tiere werden – nicht immer sehr effizient – vor den Augen der Passant_innen geschlachtet und Blut strömt in die Gosse.[11] Diese ‚öffentlichen' Praktiken sollen unterbunden werden, da schon der bloße Anblick einer solchen Szene in Verruf steht bei den Massen einen Blutdurst erwecken, der sich nicht auf nichtmenschliche Tiere beschränkt. Was Anlass zur Besorgnis gibt, ist mit anderen Worten eine Art plebejischer Vampirismus. Blutdurst und Gewalthunger: Was Agulhon eine kuriose *mélange* von Humanismus und Sozialangst nennt,[12] nimmt im Register animalischer Triebe und diätischer Vorschriften Gestalt an.

Von 1810 bis 1818 werden auf Napoleons Order hin am Stadtrand Schlachthöfe errichtet. Die Tötung der Tiere wird damit von den Straßen (von den Gemein-Plätzen) verbannt und von den Mauern der neu errichteten Anlagen um- und eingeschlossen. Damit ist das Publikum abgeschirmt von dem blutigen Spektakel, nicht zuletzt um Nachahmung zu vermeiden: „Man entzieht das Töten dem Blick"[13]. Die Dislozierung, der Aus- und Einschluss der Schlachtung, wird mit der Errichtung der industrialisierten Schlachthöfe von La Villette zwischen 1860 und 1867 fortgesetzt.[14] Diese sind an der Grenze

10 Maurice Agulhon: Das Blut der Tiere. Das Problem des Tierschutzes im Frankreich des 19. Jahrhunderts. In: Ders.: *Der vagabundierende Blick. Für ein neues Verständnis politischer Geschichtsschreibung*. Frankfurt am Main: Fischer 1995, S. 114–153, hier S. 114.

11 Vgl. Eintrag „Abattoir". In: Pierre Larousse (Hrsg.): *Grand Dictionnaire du XIXe siècle*. Paris: Administration du Grand Dictionnaire Universel 1866–1890, Bd. 1, S. 13.

12 Agulhon: Das Blut der Tiere, S. 118.

13 Ebd.

14 Die Verbannung und Dezentralisierung der Guillotine von der Place de la Grève

zwischen urbanem Raum und Peripherie angesiedelt und verfügen über eine Anbindung an das Eisenbahnnetz. In dieser zentrifugalen Bewegung der Schlacht-Orte durch den Stadtraum und deren Reterritorialisierung am Stadtrand ist auch das Trauma der Revolution, der Terror zurückliegender Exekutionen und der damit verbundenen Unruhen am Werk.

Doch selbst im anämischen Paris mangelt es nicht an gewaltsamen Szenen. Aggression entlädt sich ungezügelt gegen Zugpferde. Agulhon weist auf die Kurrenz eines Gemeinplatzes hin:

> Zur Zeit der Juli-Monarchie war das Martyrium der Pferde, der Zugpferde, die, vor einen Karren oder einen schweren Wagen gespannt, den Mißhandlungen eines brutalen Fuhrmanns ausgesetzt waren, geradezu ein Gemeinplatz geworden. Man könnte fast den Eindruck haben, sämtliche Fuhrunternehmer von Paris hätten ihre Pferde einem rohen, ungehobelten, unqualifizierten Subproletariat ausgeliefert, das kein anderes Instrument kannte als die Peitsche und Beschimpfungen; übrigens kennen wir noch heute in der Umgangssprache die Wendung ‚jurer comme un charretier' (‚fluchen wie ein Fuhrmann'). Wenn ein Pferd unter der übermäßigen Last oder aufgrund eines Unfalls zu Boden stürzte, half der Fuhrmann dem Tier nicht, indem er es ausspannte oder die Last verringerte; vielmehr zwang er es durch Fußtritte in den Bauch, unter größten Anstrengungen selbst wieder auf die Beine zu kommen.[15]

Gewalt wird zum Gemeinplatz und die linguistische Form, zu der sie gerinnt, ist bereits verstümmelt – sie ist so euphemistisch wie elliptisch. Indem Agulhon die referenzierten Handlungen als Gemeinplatz und die insistierende ‚Wendung' auseinanderhält, wird deutlich, dass im Gemeinplatz etwas in Latenz verschoben und aufgehoben wird. Die Serie von Folterinstrumenten – Last, Invektive, Peitsche, Stiefel – bildet eine Klimax und drängt gegen den ungeschützten Bauch des Zugpferds. Diese unglückliche Verkettung von Signifikanten liegt allein im Verb *jurer* verborgen, das – zwischen den Bedeutungen ‚fluchen' und ‚schwören' und ‚sich beißen/nicht zueinander passen' changierend – für Ambivalenz einsteht und seine aporetische Struktur benennt. Wollte man das sadistische Spiel fortsetzen, ließe sich die ‚übermäßige' semantische ‚Last' sogar noch erhöhen, wenn

1832 – „heart and theatre of Paris" – folgte der gleichen Logik: „[O]ne was hiding it by exiling it" und dieser „process of devisibilization and despectacularization" war ebenfalls durch den Vampirismus der Guillotine motiviert. (Jacques Derrida: *The Death Penalty. Volume I.* Chicago: University of Chicago Press 2014, S. 205–206.)

15 Agulhon: Das Blut der Tiere, S. 119.

hinzugefügt würde, dass Schlachttiere oft auf derlei Karren in die Stadt transportiert wurden.[16]

Das Fuhrwerk erscheint als metonymische Komposition von Fuhrknecht, Zugpferd und hölzerner Vorrichtung, die durch eine Technologie ver- und an einen gemeinsamen Ort gebunden sind.[17] Dem gesamten Gefüge ist damit ein Platz zwischen dem, was ‚Mensch', und dem, was ‚Tier' genannt wird, zugewiesen. In einer dialektischen Bewegung wird der Aggressor, der seine Herrschaft ausübt, durch diese Übung degradiert und sinkt im Ansehen noch unter die Unterschicht und wird zum Vertreter einer neuen Spezies, einer neuen Art Subproletarier_in, ohne Wissen, ohne Kultur, animalisch. Das Leiden des Pferdes auf der anderen Seite erscheint sublim und aufgeladen dadurch, dass es sowohl den Fuhrknecht, der sich im Pferd an sich selbst qua Mensch vergeht, als auch die menschlichen Opfer des Blutdurstes, der den amoralischen Mob treibt, repräsentiert. Das Leiden des Pferdes ist in diesem Sinne exemplarisch. Das Exemplar unterscheidet sich darin von diesem konkreten Zugpferd. Es ist auch menschlich.

Eine abschließende Bemerkung mit Blick auf den gesetzlichen Tierschutz: Als 1850 das Tierschutzgesetz (*loi Grammont*) verabschiedet wird, ist es im Verlauf der Debatte in der Nationalversammlung mutiert. Die Version, die letztendlich ratifiziert wird, stellt lediglich die Misshandlung erstens von *Haus*tieren und zweitens *in der Öffentlichkeit* unter Strafe.[18] Die Gewalt wird nicht prinzipiell verurteilt, sondern nur sichtbare Fälle, die sich im öffentlichen Raum ereignen und demzufolge die pädagogische Formierung eines humanen und humanistischen Volkes beeinträchtigen. Den Versuchen zum Trotz, die leidenden Tiere in einem Ab-Raum einzupferchen, leben diese jedoch im Gemeinplatz als einem negativen Zeichen nach.

16 Agulhon: Das Blut der Tiere, S. 255.

17 Mit Metonymie ist hier sowohl die mittels einer Signifikanten-Kette durch Berührung hergestellte semiotische Verbindung als auch die materielle Verknüpfung von Mensch, Ding und Pferd gemeint. Daraus ergibt sich ein materiell-semiotisches Netzwerk, in dem der Subjektstatus des Menschen und der Objektstatus des Zugpferdes fluktuieren und jede Aktion das ganze Gespann in Bewegung setzt.

18 Ebd., S. 127.

Verdichtung und Re-Ästhetisierung des Verstellten

Victor Hugos Gedicht *Melancholia*[19], mit dem Datum ‚Juli 1838' und dem Geo-Tag ‚Paris' versehen, ist ein Diorama urbanen Elends und es be- und verarbeitet den hier in Frage stehenden Gemeinplatz literarisch.[20] Was darin beobachtet und bezeugt wird, ist (neben Kinderarbeit und Prostitution) das Auspeitschen eines Zugpferdes mit tödlichem Ausgang.

Ein Pferd zieht einen Karren, der mit einem schweren Stein beladen ist. Das Adjektiv „pesant" schwer(-wiegend), das – dem Wagen vorangestellt – die Passage eröffnet, verdoppelt nicht nur die Last, sondern verweist auch auf ein Ab- und Erwägen, ein Gewichten, ein In-Frage-Stellen. Die Relation zwischen Fuhrknecht und Zugpferd wird problematisiert (und damit auch deren ontologischer, sozioökonomischer und ethischer Status). Letzteres erscheint schleppend. Es wird erst nach dem Karren erwähnt und selbst dann im Zeichen des Vehikels benannt: „[l]e limonier", (von frz. *limon*, Deichsel). Das Arbeitspferd betritt die Bühne bereits vollständig vergegenständlicht und instrumentalisiert, als perfektes Transport*mittel*. Das arbeitende Pferd kämpft mit der Ladung, wird langsamer – und kommt zum Stehen: „[i]l […] s'arrête". Dieser Arrest trägt die vollständige semantische Bürde der Einschließung. Das Auspeitschen beginnt und es beginnt an einem Montag, einem *Werk*tag. Am Vortag hat der Peiniger seinen Durst „aux Porcherons" gestillt, in einem Kabarett in der Rue St. Lazare.[21] Ein Spektakel führt zum anderen, ein Durst gebiert einen anderen – in diesem Lokal ist ein Gebräu von Rage und Flüchen serviert worden. Das Kabarett verankert die Szene nicht nur im Stadtraum Paris, sondern es wird als pädagogische Anstalt präsentiert, als visuelle Schule der Gewalt. Diese *Ver*bildung folgt einem oder etabliert ein Gesetz, das ein Wesen einem anderen ausliefert.

19 Victor Hugo: Melancholia. In: Ders.: *Œuvres complètes.* Paris: Robert Laffont 1985, S. 330–337, hier S. 330.

20 Als *filmische* Auseinandersetzung mit dem Gemeinplatz ließe sich *Das Turiner Pferd* (*A torinoi lo*, Ungarn 2011, R: Béla Tarr / Ágnes Hranitzky) anführen. Hier wird sichtbar, was in der umstrittenen biografischen Anekdote, der zufolge Friedrich Nietzsche in Turin unter Tränen ein Pferd umarmt haben soll, ausgeblendet wird.

21 Der Eigenname ruft eine doppelte biblische Gestalt auf, deren eine im Johannes-Evangelium von den Toten wiedererweckt wird. Seit 1983 ist ‚Lazarus' auch mit einem tierlichen Nach-Leben verbunden. So wird das Wiederauffinden von Tierarten, die als ausgestorben galten, als ‚Lazarus-Effekt' bezeichnet. Vgl. Karl W. Flessa / David Jablonski: Extinction Is Here to Stay. In: *Paleobiology* 9,4 (1983), S. 315–321.

Auf den ersten Blick liefert es das perplexe Pferd dem berauschten Fuhrmann aus. Bemerkenswert ist jedoch die Ambiguität der Zeile (oder die Komplexität der Grenzlinie): „Oh! quelle est donc la loi formidable qui livre / L'être à l'être, et la bête effarée à l'homme ivre!" Vor der Konjunktion sind die Wesen konvertibel: Wesen für Wesen, aber auch homophon: „lettre à lettre", Buchstabe für Buchstabe. Die doppelten Konsonanten in „homme" und „effarée" deuten auf die Spaltung des Fuhrknechts hin. Er trifft auf seinen Doppelgänger und verübt *im* Biest Gewalt gegen sich selbst. Er verwildert aufgrund einer Verwirrung, die durch die gewaltsame (Bild-)Sprache hervorgerufen wird, der er ausgesetzt gewesen ist. Fuhrknecht und Pferd sind im Gemeinplatz ver- und gebunden. Diese Bande werden verstärkt durch die Metapher des Zwangsarbeiters, die Fuhr*knecht* und *Arbeits*pferd vereint.

Gegen Ende der Passage wiederholen sich die Anzeichen der Spaltung. „[P]endant" als Substantiv gelesen kündigt bereits an, was noch aussteht: „[S]on bourreau redouble". Der Peiniger intensiviert seine Anstrengungen, erhöht Stärke und Frequenz der Peitschenhiebe. Er verdoppelt sich aber auch (und wieder findet sich ein Doppelkonsonant). Sein Double partizipiert im Fall und Martyrium des Pferdes. Mit der getrübten Pupille (des Peinigers oder seines Opfers) wird das Problem einer beschränkten Sicht aufgeworfen – einer durch einen Schirm gestörten Sicht, aber auch ein verstörender Anblick.

Letztendlich wird das Pferd ausgelöscht und für diese Todessequenz gibt es Augenzeugen: „[L]'on voit lentement s'étaindre". Man sieht es. Was verschwindet und was verschwunden ist, was weggelassen wurde und was entfallen ist, wird *in* der Sprache sicht- und lesbar. Das Zugpferd, sein Tod und seine Leidensgeschichte werden ausradiert. In der euphemistischen Umgehung, im rhetorischen Strategem des Vermeidens wird der maskierende Zug des Gemeinplatzes (der vom Fluchen spricht und vom Töten schweigt) verbalisiert. Das Gedicht projiziert *auf den* Schirm, was *dahinter* sich abspielt und macht gleichzeitig das Vorhandensein des Schirms explizit. Das Verlöschen des Pferdes ist auch ein Transparent-Werden. In den Umrissen des Pferdes erscheint der Fuhrknecht, der gefallene Arbeiter. Die Barriere, die der Gemeinplatz erzeugt hat, wird permeabel und ein metaphorischer Verkehr setzt ein. In dieser Hinsicht kann das Pferd nicht zum Stehen gebracht werden – es lässt sich nicht festsetzen.

Unmöglichkeit der Raumtrennung

Der Doppelcharakter des Gemeinplatzes besteht nicht oder *nicht nur* in der Analogie und Interdependenz zwischen dem philosophischen Gemeinplatz vom kapitalisierten ‚Tier' und dem Signifikanten, der historische Praktiken der räumlichen Isolation elliptisch um-schreibt. Die Frage nach dem Primat in der Relation von Kulturtechniken und korrespondierenden Ideologien oder – mit anderen Worten – nach der Richtung des Übersetzungsprozesses zwischen Denkbewegungen und ökonomischen Operationen muss suspendiert bleiben. Wovon jedoch Notiz zu nehmen bleibt, ist, dass der Gemeinplatz simultan eine Konjunktion sowie eine Disjunktion von Räumen hervorbringt. Wie der Einschluss auch vollzogen wird, wie die Demarkationslinie auch gezogen wird, es gibt keinen sauberen Schnitt. Die Grenze – die anthropologische Differenz – (unter)scheidet und vereint zugleich. Innerhalb der Umfriedungen finden sich immer auch unwahrscheinliche Mit-Häftlinge: Der Fuhrknecht und das Zugpferd formen eine metonymisches Gespann. Die Schlachter, die hinter dem Schirm der Schlachthofmauern arbeiten tragen das soziale Stigma der unheimlichen Vorgänge, die exiliert werden mussten, um fortgesetzt werden zu können. Der Anblick von Blut verursacht den Abstieg der niederen Schicht auf ein noch tieferes Niveau des vampirischen Subproletariats. Gleichzeitig gibt es immer etwas, das entwischt.[22] Der Gemeinplatz ‚fluchen wie ein Fuhrknecht', das inflationäre Wort, das im Überfluss verkehrt wie Zugpferde im Paris des 19. Jahrhunderts, hat eine elliptische Struktur. Während es Misshandlungen und Mord verstellt, bezeugt es den Versuch, Grausamkeit und Tod zu an-ästhetisieren. Im blinden Fleck wird und bleibt in einer negativen Sprache lesbar, was ihn umgibt. Er verweist auf eine Verschränkung der Gewalt des Denkens, der Sprache und der (ökonomischen) Praxis. Der Gemeinplatz verstellt und stellt aus, verbirgt und birgt, er stellt *in* der Verstellung aus, indem er rahmt, was aus dem Blick fällt und retuschiert wurde – und erscheint hier als Raum des Nachlebens der Tiere.

22 Kari Weil beispielsweise schreibt von Pferde-Subjekten, die sich von den hier besprochenen Zugpferden signifikant unterscheiden. Vgl. Kari Weil: They Eat Horses, Don't They? In: *Gastronomica: The Journal of Food and Culture* 7 (2007), S. 44–51. Sie bringt in ihrem Artikel darüber hinaus die von Noélie Vialles vorgenommene Unterscheidung von ‚*zoophagy*' und ‚*sarcophagy*' ins Spiel, wobei letztere eine interessante Affinität zur Logik der Pferches aufweist: „the eating of flesh that cannot be identified with a particular animal." (Ebd., S. 46.) Vgl. Noélie Vialles: *Le sang et la chair*. Paris: Éditions de la Maison des Sciences de l'Homme 1987, S. 19.

Rolf Bier

Tiere in meiner Welt – meine Welt in Tieren
(2003–2012)

Buchedition / Band I – III 2003–2012
Die Fotografien der Tiere (Esel, Schwan, Flußkrebs) sind je einem der Bände des Projekts als »Wappentiere« zugeordnet und werden in die Präsentationen und performativen Lesungen eingebracht. Die Notation entspricht der typografischen Gestaltung in den Büchern, in denen kein Foto zu finden ist.

Tiere in meiner Welt – meine Welt in Tieren

Am 19.7.2008 begann ich bei einer Fahrt nach Italien an einem lauen Abend in Locarno – zum zweiten Mal wie schon im Jahr 2003/04 –, Tiere zu notieren, die mir im Tagesverlauf aufgefallen waren oder die ich an seinem Ende noch erinnern konnte. Mit der Nennung der Lebewesen verzeichnete ich zugleich die Orte meiner persönlichen Aufenthalte, Wege und Reisen über den Zeitraum eines Jahres. Durchaus spürbare, mitunter tagelange Unterbrechungen der Notation entsprechen schwarzen oder besser blinden Flecken in meiner Erinnerung, die mir keine Auskunft mehr darüber geben können, wo ich mich befunden habe. So als sei ich selbst zeitweise aus einer vermeintlichen Kette der Wesen herausgefallen, deren Existenz behauptet und deren biografische Zufälligkeit natürlich ganz offensichtlich ist. Ich stelle immer häufiger fest, dass ich mich an mein eigenes Leben besser erinnere, wenn ich auch an das anderer denke.

Rolf Bier

ein E s e l

angeleint auf der Wiese bei Sodupe / Vizkaya 7.5.2004 10.16 h

ein Schwan

im offenen Meer vor Langeoog-Nord 9.10.2008 15 h

ein Flußkrebs

am Ufer des gestauten Río Tajo/Alocén 14.9.2011 13 h

kainkollektiv

Tiere in Städten
(seit 2013)

Tiere in Städten begann als ein zweiwöchiges offenes Atelier im Mai 2013 in den Rottstr5 KUNSTHALLEN in Bochum. Rasmus Nordholt, Mirjam Schmuck und Fabian Lettow vom kainkollektiv schlossen sich mit dem Kurator Georg Mallitz sowie mit zahlreichen Gästen zusammen, um den Strategien wilder Tiere zur Aneignung des Stadtraums nachzugehen. Diese Verfolgung verlief über Umwege und Seitenpfade, zwischen Theorie und Praxis, zwischen konzentriertem Arbeiten und steter Zerstreuung, zwischen Ausstellung, Diskussion, Konzert, Improvisation und Vortrag. Bei all diesem Tun entwickelte kainkollektiv Material (Textskizzen, musikalische Entwürfe und Geräusche, Objekte und Handlungsweisen), das die Grundlage für eine, das Atelier abschließende Performance bildete. Ohne zu wissen, wohin dies führen wird, arbeiten kainkollektiv an diesem Material diskontinuierlich weiter.

Das offene Atelier wurde vom Ministerium für Familie, Kinder, Jugend, Kultur und Sport des Landes NRW sowie von Stadtumbau Bochum Westend gefördert.

Textmaterial

0.

Wir haben die letzten Wochen hier in dieser Halle verbracht, zu unterschiedlichen Tageszeiten, in unterschiedlichen Rhythmen. Zu diesen Rhythmen haben beigetragen: die Einladung von Georg, uns hier für eine gewisse Zeit tummeln zu dürfen; unsere gemeinsame oder vereinzelte Anwesenheit an diesem Ort, unser Verpassen und Zueinanderfinden und daraus resultierend unterschiedliche Grade von Konzentration und Zerstreuung in unseren Versuchen, etwas oder nichts zu tun; das Erscheinen zahlreicher bekannter und unbekannter Personen, die meist die Frage an uns richteten, was wir denn gerade täten, welche zu beantworten uns selten leicht fiel und welche unser spezifisches momentanes Tun stets durchkreuzte, um in Unterschiedlichem zu münden, etwa in einem Gespräch mit einer Studentin über die Frage des nicht-geschlossenen Raumes bei Ernst Cassirer, in einer Vortrags-Diskussion zum architektonischen Element der Nische oder im gemeinsamen Suppe-Essen; ferner trugen zu unseren Rhythmen verschiedentliche Alltagsverpflichtungen der Woche bei, unterschiedliche Schlafrhythmen, private und berufliche Termine, dies und das; zuvörderst aber, zumindest im Fall von Mirjam und mir, die Anwesenheit eines 7 Monate alten Mädchens, das stets anderes mit unserer Zeit, unseren Planungen und Dispositionen zu tun wusste, als wir selbst geplant, entschieden, terminiert hatten, das unsere Konzentration beständig zerstreute und aus unserem Tun, das zu durchkreuzen ihm wie die natürlichste Sache der Welt erschien, ein immer anderes Tun wuchern ließ, unendliche Ablenkung, unendliche Sammlung. Oder verhielt es sich ganz anders, und es war umgekehrt unser nie zur Ruhe kommendes Tun, das permanent den Rhythmus des Mädchens durchkreuzte, sein Tun behinderte, seine Linien ablenkte? Es lässt sich nicht entscheiden. Ebenso wenig wie die Form, gar das Format der Zusammenkunft, an der wir hier gerade teil- vielleicht sogar Anteil nehmen und die uns in dieser Halle, von der wir heute Abend behaupten möchten, sie sei kein Raum, sondern eine Nische, was etwas konstitutiv anderes ist, für einen Augenblick und flüchtig aneinander bindet. Das hier, wie immer man es nennen mag, entspringt keiner Probe, keinem einheitlichen Plan, keiner Produktion oder Projektion, keinem Kollektiv. Es ist nicht ein Hergestelltes, sondern vielmehr ein Herein-gestelltes, so wie man Zuflucht sucht in einer Nische, in die man sich bei Unwetter hereinstellt, um erst beim Verlassen zu bemerken, dass die Nische gar kein Raum gewesen ist, sondern vielleicht jenes Element, das das Entstehen eines Raumes überhaupt erst möglich macht. Das alles hier entspringt vielmehr einem Tun ohne Zutun, ohne Karte, einer Art trügerischer Witterung für den Moment, einem Umherstreifen ohne Ziel, einem Blindflug, in dem das Nicht-Tun die äußere Grenze des Tuns markiert – die Grenze, nicht sein Gegenteil. Und als die Marder und die Echsen, die Füchse und die Rehe, die Bären und die Habichte, die Läuse und die Zecken, die Ratten und die Tauben die Wälder und Landschaften verließen, aus denen sie stammten, denn dort schien für ihr Tun kein Platz mehr zu sein, da trugen sie ihre Nischen in die Städte hinein, um fortan zu verwirren, zu zerstreuen, zu durchkreuzen, was einst als Funktion, Plan, Linie, Architektur der Stadt entworfen worden war. Denn die Tiere wussten, sie wissen mit den Städten anderes zu tun.

I. Das andere Tun

Die Zierborte eines alten Hauses ist gemacht für das
Schön-finden-
Tun,
oder vielleicht um im Brandfall von einem zum anderen Fenster
klettern zu können.
Im Bezug auf dieses Ding wissen die Tauben aber etwas anderes
zu
tun.
Zum Beispiel wissen sie darauf zu wohnen.
Dann werden Stacheln drauf gestellt, damit die Tauben ihr
Wohn-
Tun
dort nicht mehr verrichten können.
Nun hilft die Borte aber weder zum Schön-finden-
Tun,
noch zum im-Brandfall-von-einem-zum-anderen-Fenster-Klet-
tern-
Tun.
Und die Tauben wohnen trotzdem noch dort.
Sie wissen immer noch ihr Wohn-, ihr Baltz- und Vögel-
Tun,
ihr Fress- und Kack-
Tun,
ihr Gurr-
Tun
dort zu verrichten.
Sie, die Tauben, wissen im Bezug auf die Dinge, z. B. die
Zierborte
eines alten Hauses, etwas anderes als das Schön-finden-
Tun
oder das im-Brandfall-von-einem-zum-anderen-Fenster-Klettern-
Tun
zu
tun,
nämlich ihr Tauben-
Tun,
ihr Wohn-, ihr Baltz- und Vögel-

Tun,
ihr Fress- und Kack-
Tun,
ihr Gurr-
Tun.
Sie, die Tiere, die Ratten und Vögel, die Ameisen, Kellerasseln,
Stadt-Füchse, die Bienen und auch Bruno der Bär
wissen im Bezug auf die Dinge etwas anderes zu
tun.
Ein anderes
Tun
im Bezug auf die Dinge anzunehmen.
Ein anderes Vermögen mit den Dingen zu verbinden.
Sie richten ein anderes
Tun
auf die Dinge.
Sie, die Tiere in Städten,
und das sind nicht die Bewohner von Entenhausen,
oder vom Bochumer Tierpark,
denn die wissen im Bezug auf die Dinge nichts anderes zu
tun,
wissen im Bezug auf die Dinge etwas anderes zu
tun.
Etwas anderes als das, wofür die Dinge erfunden wurden
Etwas anderes als das
Tun,
das sie verlangen.
Die Tauben der türkischen Steinwüste, bei uns liebevoll Türkentauben genannt, eignen sich die mitteleuropäischen Städte an, als wären diese ebenfalls Steinwüsten. Und natürlich sind sie es auch, denn
das
Tun
der Tauben ist kein „so
tun
als ob", kein Schein-
Tun,
sondern ein reales
Tun,

das aber eine andere Logik, eine Gegenlogik aufruft, jedoch ohne Mission, ohne Programm.

Tun,
das ist nicht die Arbeit, die man verrichtet.
Tun,
das ist nicht die Fabrikation, die Fabrik.
Tun,
das ist nicht die Produktion von Produkten.
Tun,
das ist nicht die Herstellung instrumentaler Logiken.
Tun,
das ist nicht die Handlung eines Handelnden.
Tun,
das ist auch stets ein
Nicht-Tun,
ein Sein lassen, und das ist kein Widerspruch, im Gegenteil.
Nicht-Tun
ist die äußerste Variation von
Tun.
Die Frage, was wir
tun,
wenn wir tätig sind, ist in diesem Lichte neu zu verhandeln, besser:
zu ver-
tun.
Die oppositionelle Logik von Handeln und Zaudern, die Hamlet angedichtet worden ist, kollabiert genau in dem Moment, indem man versteht, dass Hamlet (nichts)
tut,
d.h. dass er mit den Dingen anderes zu
tun
weiß. Hamlet ist eine scheißende Taube auf den Zierborten der Zivilisation.

„Tun
diese Organismen meinem Boden gut?“, fragte ich. Und Dr. Ing. Hamlet antwortete mir: „Die ökologische Standardantwort: ‚Kommt drauf an.‘“

II. Bruno der Bär

Im Folgenden hören wir einen kleinen Exkurs, eine Abschweifung, mit der ein Landtier aus dem bewaldeten Dickicht auf die Bühne der politischen Zoologie hervortritt, ein Tier, dessen Weg vom Flug der Vögel begleitet, von dem der Suchhubschrauber jedoch durchkreuzt worden ist. Dieses Landtier wusste, solange man es sein ließ, mit den Dingen, den heiligen wie den profanen, anderes zu tun. Doch das wurde ihm, wie könnte es auch anders sein, – ja, wie könnte es auch *anders* sein? – schließlich zum Verhängnis. Aber hören wir selbst:

Im Sommer 2006 erschien in den bayrischen Alpen ein Wesen, von dem nicht eindeutig zu sagen war, dass es von seinen slowenischen Eltern abstammte. Jeder Versuch der Entwicklung einer Abstammungslinie oder auch nur der Klassifikation seiner Art musste bei diesem Wesen zwangsläufig fehlschlagen. Vielmehr entstand es in einem Zwischenreich, durch die widernatürliche Hochzeit völlig heterogener Terme.

Eine Landschaft und Bienen und Schafe und skandinavische Elchjäger und Bärenjäger aus Montana und deren Hunde und Hasenzüchter und die öffentliche Meinung und ein bayerischer Ministerpräsident und das jährlich wiederkehrende Phänomen des ‚Sommerlochs' und Renaturierungsbestrebungen der EU ballten sich zu einer dämonischen Figur, einem outlaw-hero der überall und nirgendwo zu sein schien, einem gleichsam geliebten wie gefürchteten Etwas, dessen Unheimlichkeit durch die Umbenennung von JJ1 in den Teddy-Namen Bruno zu bannen versucht wurde.

Als Bruno der Bär konnte er – wenigstens von den Kindern – geliebt werden, wobei Knut, der im Dezember desselben Jahres geboren wurde, sehr viel einfacher zu lieben war, da ihm die Dimension des Dämonischen völlig abging. Bruno schien zunächst ein Bär zu sein, ein Braunbär, doch je länger er anwesend war und je mehr Terme sich in ihm ballten, desto schwieriger wurde die Klassifikation.

> He doesn't know how to be a bear anymore. He's going to be in trouble his whole life.

Es ist schon ganz richtig, diesen Bären nicht mehr einfach als Braunbären zu bezeichnen. Isolierbar war er nicht mehr, entstand zwischen Umgebung und einer ganzen Reihe von Zufällen: seiner Beziehung zum Korbinian-Bären ca. 720 n. Chr., zu der Ernennung Papst Benedikts XVI. im vorherigen Jahr, zum Wahlkampf in Österreich, zu

der Fußballweltmeisterschaft und der Schwangerschaft eines Berliner Eisbären im selben Jahr, zu der Festlegung der heutigen Staatsgrenzen innerhalb der Alpen usw. usf.
Ein derart vages Wesen verwirrte und destabilisierte zwangsläufig die Institutionen, insbesondere die großen Körperschaften der Staaten und deren Beziehungen zueinander, ihre differenzierten und hierarchisch gegliederten Organismen, deren wesentliche Angelegenheit es ist, das Vagabundieren der Körper abzuschaffen.
Die kartographische Verfolgung seines Weges nützte zur Kontrolle seiner Bewegung wenig. Denn JJ1 besetzte den Raum zwischen Trentino in Norditalien und dem bayerischen Rotland – ein Raum von ca. 200 Quadratkilometern – in wirbelförmiger Bewegung: Er erschien an einem Ort ebenso plötzlich wie er verschwand. Er blieb nie länger als einen Tag in einem Gebiet. Die Punkte seines Erscheinens waren unregelmäßig verteilt: zwischen 2 und 17 Kilometern Luftlinie voneinander entfernt, sowohl in der Wildnis als auch in bevölkertem Gebiet. Ohne jegliche Berücksichtigung der Staatsgrenzen bewegte er sich fort. Er schien sich sowohl am Tag als auch in der Nacht zu bewegen. Er erzeugte Befehlsverweigerung beim bayerischen Jagdverband und der Polizei.
Hinzu tritt die Perspektive der katholischen Kirche. Ein Jahr bevor die Verwirrung um jenes heterogene Wesen begann, wurde das Papst-Wappen von Benedikt XVI. veröffentlicht. Darauf ist der Korbinian-Bär, ein Braunbär, zu sehen. Dieser steht im Zusammenhang mit der Legende des Heiligen Korbinian, der von ca. 620 bis ca. 730 n. Chr. gelebt haben soll. Bei dem Deutschlandbesuch Benedikts im September 2006 erläutert dieser das Symbol folgendermaßen:

> An der Legende dieses Heiligen hat mich seit meiner Kindheit die Geschichte fasziniert, wonach ein Bär sein Reittier auf seiner Reise über die Alpen zerrissen hat. Korbinian verwies es ihm streng und lud ihm zur Strafe sein Gepäck auf, das er nun bis nach Rom zu schleppen hatte. So musste der Bär, beladen mit dem Bündel des Heiligen, nach Rom wandern und wurde erst dort von Korbinian freigelassen.

Der Münchener Kardinal Friedrich Wetter war aufgrund dieses Zusammenhangs davon überzeugt, dass das Erscheinen Brunos, der Weg von Italien bis in jenes Gebiet, von dem aus Korbinian einst aufgebrochen war, kein Zufall sei, sondern eine Ankündigung der Ankunft des Papstes, ein Vorbote des Vatikans, JJ1 die Inkarnation

des Korbinian-Bären und damit als heiliges Tier schützenswert. Dies hätten Kundige wissen müssen, so Wetter.
Noch nachdem JJ1 am 26. Juni 2006 von, wie es heißt, „jagdkundigen Waidmännern" erschossen wurde, störte er das zwischenstaatliche Verhältnis von Italien und Deutschland. Die italienische Regierung, die dem Wesen noch zu Lebzeiten Asyl angeboten hatte, forderte den Leichnam als Staatseigentum ein. Während die bundesdeutsche Regierung bereit war, einen Kompromiss einzugehen, wurde dies vom bayerischen Ministerpräsidenten zurückgewiesen, da die Italiener ja die Schuld an der „schlechten Erziehung" trügen und damit ihr Recht an dem Leichnam verwirkt hätten. Auch die EU, die in einem Programm zum Erhalt der Arten die Überführung der Mutter von JJ1 von Slowenien nach Italien finanziert hatte, kritisierte, „dass man den Bären erst ein freies Leben ‚bezahlt', um sie dann abzuschießen".

III. Ökologische Nische (CHOR)

DER BEGRIFF DER ÖKOLOGISCHEN NISCHE darf nicht mit jenem Begriff der Nische verwechselt werden, der eine Räumlichkeit bezeichnet; also eine Räumlichkeit in dem Sinne, dass deren Koordinaten anzugeben wären, dass sie von jedermann aufgesucht oder vermessen werden könnte. Das Habitat eines individuellen Habichts lässt sich aufsuchen, die Nische der Art Habicht aber nicht. Denn eine jede Art trägt ihre Nische mit sich herum und ob es sich bei einem Ort um eine Nische handelt, kommt ganz drauf an (die ökologische Standardantwort); kommt ganz darauf an, für wen.
DER BEGRIFF DER ÖKOLOGISCHEN NISCHE geht auf den Limnologen und Ökologen George Evelyn Hutchinson zurück und bezeichnet die Gesamtheit der biotischen und abiotischen Umweltfaktoren sowie evolutionären Faktoren eines Ökosystems, die für das (Über-)Leben einer Art von Bedeutung sind. Hutchinsons Konzept geht von der Tatsache aus, dass eine Art nur leben kann, wenn sich diese Faktoren – wie Temperatur, Feuchtigkeit, Beschaffenheit des Bodens, der Vegetation, der Bauwerke, Nahrungsangebot, Predationsdruck – innerhalb bestimmter Bereiche bewegen. Den Wertebereich eines Faktors, z. B. der Temperatur, kann man sich als Strecke vorstellen (vor dieser Strecke ist es der Art zu kalt, dahinter zu heiß). Ein weiterer Faktor, z. B. Feuchtigkeit, definiert dann eine Fläche, d. h. die Kombination aus Temperatur und Feuchtigkeit, in der die Art

leben kann (vgl. z. B. die Nische des Wasserflohs). Ein dritter Faktor (z. B. pH-Wert des Bodens) definiert ein Volumen. Mit Hinzufügen weiterer Faktoren ergibt sich ein nicht mehr anschauliches Gebilde: ein n-dimensionaler Hyperraum.

DER BEGRIFF DER ÖKOLOGISCHEN NISCHE bezeichnet einen Raum, allerdings keinen, dem mit der bagatellisierenden *Vorstellung* einer dreidimensionalen Schachtel beizukommen wäre. Der Nischenraum entzieht sich nicht bloß dieser spezifischen, geistesgeschichtlich zu datierenden Raumvorstellung, sondern der Vorstellung überhaupt. Denn das Leben ist komplex und es sind viele Faktoren zu berücksichtigen, um eine Nische zu kartieren. Das Diagramm einer realistischen mehrdimensionalen Nische kann man sich daher kaum vorstellen und nicht zeichnen (der bildnerischen Darstellung von Habitaten hingegen widmet sich eine ganze Gattung der gegenständlichen Kunst, die Landschaftsmalerei).

Und insofern die n Dimensionen des Nischenraums einer Art je Strecken, je Wert*bereiche* beschreiben, muss man sagen, dass es sich bei der ökologischen Nische um einen potentiellen, einen virtuellen Raum handelt und dass jedes Habitat als eine *mögliche* Aktualisierung dieses Nischenraums zu begreifen ist. Das Habitat ist also lediglich ein Ausschnitt des Nischenraums. Jede Art trägt ihre virtuelle Nische mit sich herum und die Individuen lassen sich dort nieder, wo sich ihre Nische aktualisiert. Die türkische Steinwüste und die Bochumer Innenstadt sind Aktualisierungen ein und derselben ökologischen Nische, und zwar jener der sogenannten Türkentaube.

Bryndís Snæbjörnsdóttir / Mark Wilson

A Safe Passage

a safe passage

snæbjörnsdóttir / wilson

to give safe passage to a British mole
from *Cumbria*, England
to *Kassel*, Germany

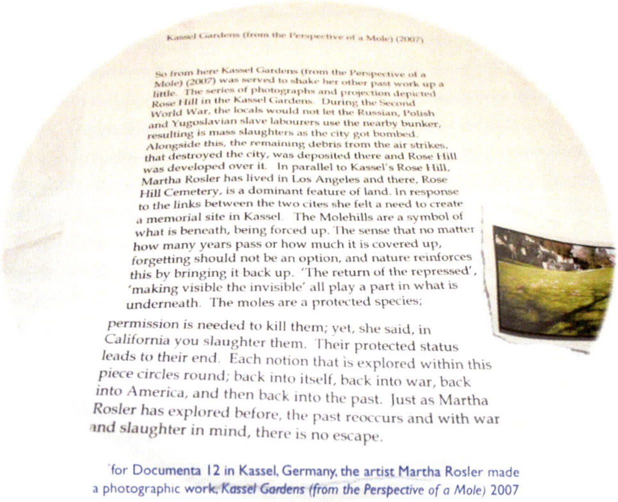

Kassel Gardens (from the Perspective of a Mole) (2007)

So from here Kassel Gardens (from the Perspective of a Mole) (2007) was served to shake her other past work up a little. The series of photographs and projection depicted Rose Hill in the Kassel Gardens. During the Second World War, the locals would not let the Russian, Polish and Yugoslavian slave labourers use the nearby bunker, resulting is mass slaughters as the city got bombed. Alongside this, the remaining debris from the air strikes, that destroyed the city, was deposited there and Rose Hill was developed over it. In parallel to Kassel's Rose Hill, Martha Rosler has lived in Los Angeles and there, Rose Hill Cemetery, is a dominant feature of land. In response to the links between the two cites she felt a need to create a memorial site in Kassel. The Molehills are a symbol of what is beneath, being forced up. The sense that no matter how many years pass or how much it is covered up, forgetting should not be an option, and nature reinforces this by bringing it back up. 'The return of the repressed', 'making visible the invisible' all play a part in what is underneath. The moles are a protected species;

permission is needed to kill them; yet, she said, in California you slaughter them. Their protected status leads to their end. Each notion that is explored within this piece circles round; back into itself, back into war, back into America, and then back into the past. Just as Martha Rosler has explored before, the past reoccurs and with war and slaughter in mind, there is no escape.

'for Documenta 12 in Kassel, Germany, the artist Martha Rosler made a photographic work, *Kassel Gardens (from the Perspective of a Mole)* 2007

Rose Hill in Kassel Gardens

Martha Rosler: Talking Art, interview with Iwona Blazwick, Tate Modern, London. 29 September 2007. Reviewed by: Alexandria Clark

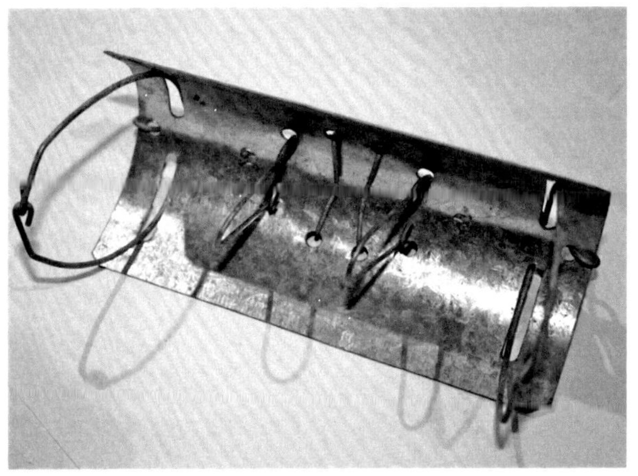

in britain we persecute moles

the following popular methods used to displace and destroy moles were gleaned from two or three randomly selected websites:

Poison Baits, Attack Ferrets, Firearms, Explosives, Flammable Liquids (Igniting petrol poured down mole tunnels), Urinating on the molehills, Castor oil applied locally to the ground, Odorous Repellents, Gassing, Flooding, Mole Repelling Flora, Vibrating/Ultrasonic Devices, Scissor Traps, Other traps, Juicy Fruit chewing gum, Garlic, Chilli powder, Smoke cartridges, Mothballs, Crushed Glass, Rose Thorns and Razor Blades, Tunnel Tromping, The Pitchfork/Shovel Method (Moles, like most other animals, are sensitive to stabbing and/or concussion), Sound/vibration deterrent, Attack Dogs and Cats…

Mole archaeology

Moles have intimate knowledge of history
and geology –

Mole engineering

and structural engineering

Mole burial

Do moles inter their dead
or bury them upstairs?

Mole landscape gardening

Moles crenellate their roofs
with whatever is to hand

Mole subways

Think of a transit system whose very constitution
is a source of food

Mole mountains

For moles, despite how trivial
we may think things are …

some things are of huge importance

Oskar Verant

TieRauMensch
(2014)

Karl Friedrich Luis, 2014

Critenae, 2014

Pantheropis Guttatus Albinos, 2014

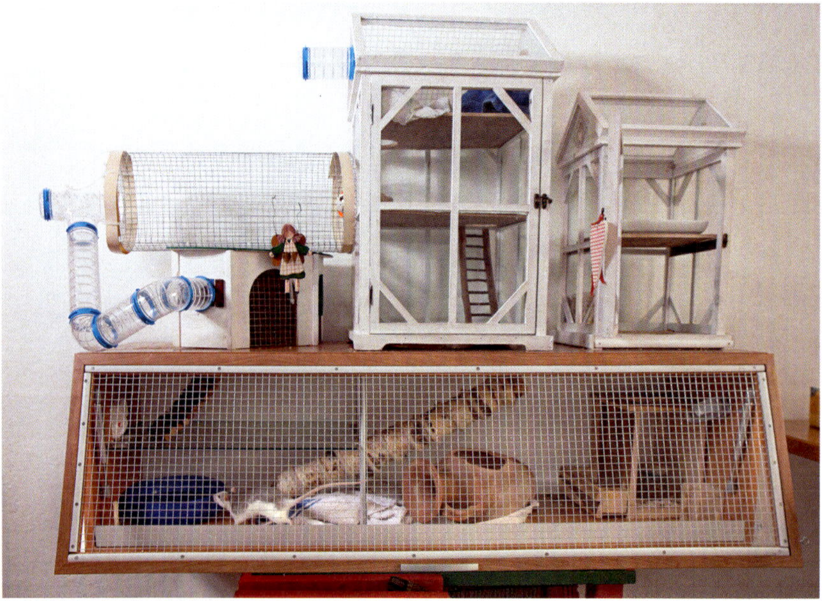

Rattus norvegicus domesticus, 2014

Testudo, 2014

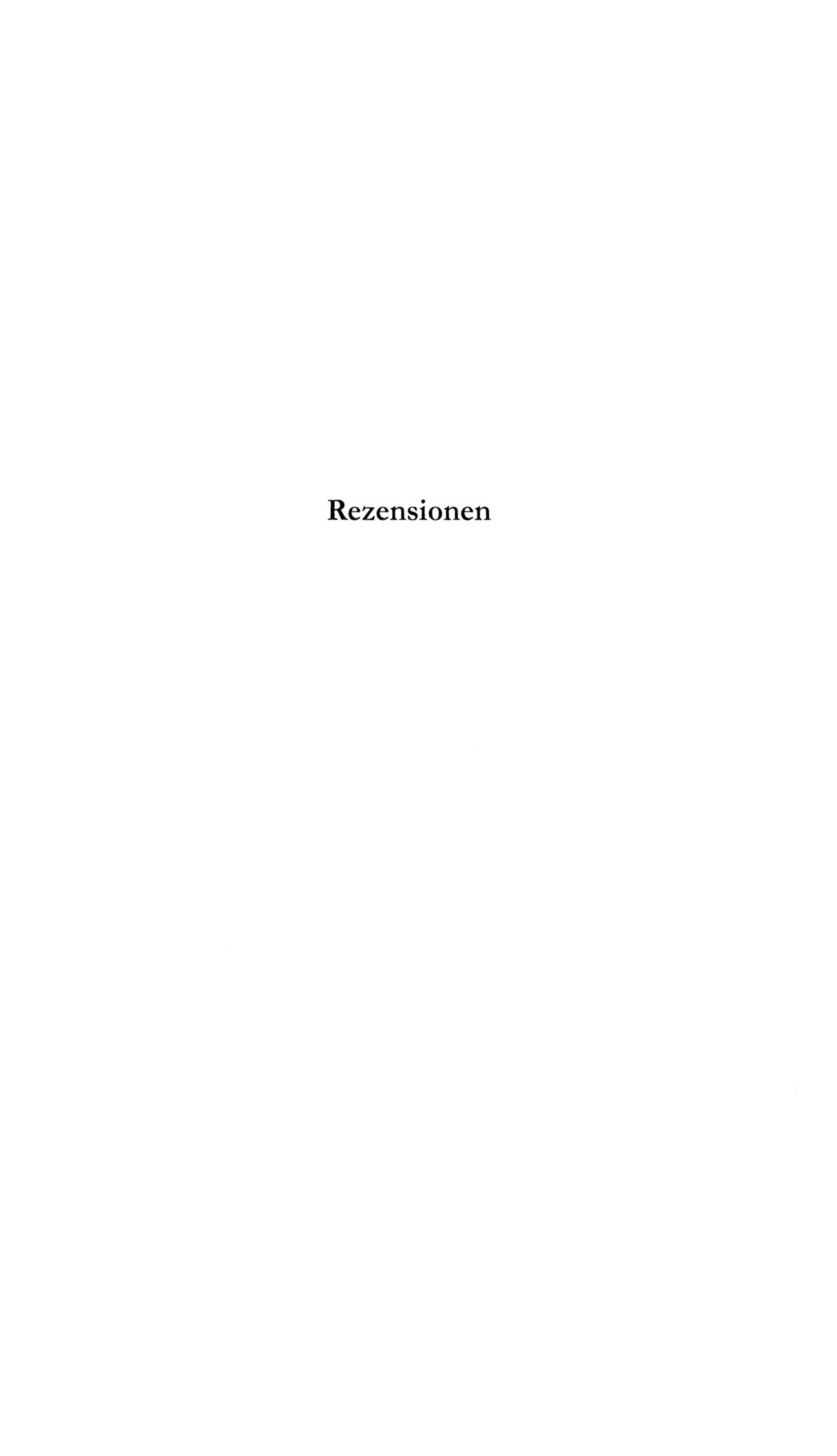

Rezensionen

Ambivalenz von Mensch-Tier-Verhältnissen im soziologischen Spannungsfeld

Birgit Pfau-Effinger / Sonja Buschka (Hrsg): *Gesellschaft und Tiere. Soziologische Analysen zu einem ambivalenten Verhältnis*
Rezensiert von Katharina Ameli

Obwohl Tiere seit jeher in ihren Rollen durch den Menschen (sozial) konstruiert werden, rückt das Interesse an Mensch-Tier-Verhältnissen in der Soziologie erst in den letzten Jahren stärker in den Vordergrund.
Das Verhältnis in der Beziehung zwischen Mensch und Tier zeigt sich dadurch, dass Tiere einerseits als personalisierte Gefährten, die Zuwendung, Aktivität und Kommunikation bieten, angesehen werden. Demgegenüber steht die (Be-)Nutzung von Tieren als beispielsweise Nahrungslieferant oder Versuchstier.
Das Werk *Gesellschaft und Tiere* greift Bereiche dieser Ambivalenzen in der Mensch-Tier-Beziehung anhand theoretischer Analysen und empirischer Ergebnisse auf. Diese werden ausgerichtet an aktuellen Debatten und dem gesellschaftlichen Wandel diskutiert. Alle acht Beiträge der beiden thematischen Hauptkapitel, die von Einleitung und Ausblick eingerahmt werden, erlauben einen wesentlichen und interdisziplinären Blick auf die Ambivalenzen der Mensch-Tier-Beziehungen.
So beschäftigt sich das erste Hauptkapitel insgesamt mit dem sozial konstruierten Machtverhältnis zwischen Gesellschaft und Tieren. Kapitel 3 und 5 arbeiten heraus, was letztlich zu einer Nichtbeachtung von Mensch-Tier-Verhältnissen in der Soziologie geführt hat und welche Forschungssektoren sich zukünftig herausbilden werden. Des Weiteren wird die (soziale) Konstruktion von Tieren thematisiert. Durch den Vergleich von historischen und aktuellen Schiften wird in Kapitel 2 untersucht, ob Tieren insgesamt innerhalb der gesellschaftlichen Konstruktion ‚Geist' zugeschrieben wird. Die Autorinnen stellen dar, dass Tiere zum gegenwärtigen Zeitpunkt als (graduell) geistige Wesen verstanden werden. Kapitel 4 untersucht daran anknüpfend anhand einer Diskursanalyse die Verortung von Tieren in der Agrarökonomie. Hier zeigt sich, dass Tiere in erster Linie als ein Lebensmittelprodukt verstanden werden, welches für den Verbraucher spezifische Qualitätskriterien zu erfüllen hat.
Das zweite Hauptkapitel behandelt insgesamt die sozialen Beziehungen, die Menschen mit ihren Tieren eingehen. Die Zusammenhänge zwischen der Einstellung zum Haustier und dem Geschlecht eines Menschen in Kapitel 8 sowie der Vergleich von Erziehungsratgebern für Kinder und Hunde in Kapitel 9 verdeutlichen dabei die soziale Konstruktion von Tieren. Kapitel 6 zeigt anhand einer empirischen Erhebung auf, dass Hunde innerhalb von

kommunikativen Prozessen sowohl Ressourcen als auch aktiv teilnehmende Interaktionspartner sein können. Diese Zuweisungen lassen sich mit Kapitel 5 in Verbindung bringen. Hier wird ausführlich verdeutlicht, dass der Einsatz von Hunden als arbeitende Akteure im Dienstleistungssektor gegenwärtig zunimmt. Die Hunde müssen hier die ihnen zugewiesenen Rollen professionell ausfüllen und gehen dadurch gleichzeitig ein (dem Menschen ähnliches) Arbeitsverhältnis mit Rechten und Pflichten ein. Dieser Sachverhalt ist besonders aus professionssoziologischer Sicht hervorzuheben, die es im Bereich der Mensch-Tier-Beziehung noch zu erforschen gilt.
Im Ausblick thematisieren die Autorinnen, ausgehend vom Merkmal Geist, die gesellschaftlichen Auswirkungen der Nutzung von Tieren als Nahrungsmittel. Sie kommen zu dem Schluss, dass sich für die Gesellschaft die Nicht-Nutzung von Tieren (als Nahrungsmittel) in der Regel positiv auswirkt. Besonders für das Gesundheitssystem, die Bekämpfung des Welthungers und den Klimawandel ergeben sich positive Veränderungen; lediglich der Beschäftigungssektor würde bis zur Neuorientierung kurzfristig negativ betroffen sein.
Das Werk liefert dem Leser insgesamt ein breites Spektrum an wissenschaftstheoretischen und methodischen Analysen, die neue Debatten um die Ambivalenz innerhalb der Mensch-Tier-Verhältnisse anstoßen und dadurch die zukünftige Bedeutsamkeit und Aktualität dieses Forschungsgebietes verdeutlichen.

Birgit Pfau-Effinger / Sonja Buschka (Hrsg): *Gesellschaft und Tiere. Soziologische Analysen zu einem ambivalenten Verhältnis.*
Springer VS. Wiesbaden, Juni 2013, 278 S. Paperback 39,99 €
(ISBN: 978-3-531-17597-3).

Zoopolis oder die Geburt eines Tierrechtsklassikers aus dem Geiste der Politik

Sue Donaldson / Will Kymlicka: *Zoopolis. Eine politische Theorie der Tierrechte.*
Rezensiert von Livia Boscardin

Schweine als kooperierende MitbürgerInnen, Gazellen als Angehörige souveräner Gemeinschaften, Marder als rechtmässige NachbarInnen? Die von Sue Donaldson und Will Kymlicka vorgebrachte politische Theorie der Tierrechte mag utopisch anmuten in einer Welt, in der die meisten domestizierten Tiere als „Nutz"- oder „Versuchstiere" missbraucht, Wildtierhabitate kolonialisiert und wildtierliche StadtbewohnerInnen – Donaldson und Kymlicka nennen sie Schwellenbereichstiere – als parasitäre Eindringlinge verfolgt werden. Die AutorInnen verstehen es jedoch, ihre originellen Argumente so mitreissend und überzeugend vorzubringen, dass die imaginierte *Zoopolis* zwar noch fern ihrer Realisation, aber auf jeden Fall plausibel, ja gar erstrebenswert erscheint.

Erklärtes Ziel und grosses Verdienst der AutorInnen ist es, einen Schritt weiter als die traditionelle Tierrechtstheorie zu gehen. Diese vernachlässige mit ihrem – nachvollziehbaren – Fokus auf negative Tierrechte und der Abschaffung der Tierausbeutung sowohl die Frage nach den positiven, relationalen Rechten von Tieren als auch die Vielfalt der bestehenden Mensch-Tier-Interaktionen – von ökologischen Fragestellungen ganz zu schweigen. Besagte Defizite versuchen die AutorInnen zu beheben, indem sie unser Verhältnis zu Tieren in staatsbürgerliche Modelle gießen: Domestizierten Tieren verleihen sie die StaatsbürgerInnenschaft, Wildtieren quasi-nationale Souveränität und Schwellenbereichstieren EinwohnerInnenstatus.

Es ist diese noch nie dagewesene Applikation von liberaler Demokratietheorie auf andere Tiere, die *Zoopolis* für mit der Tierrechts-Materie unvertraute PolitikwissenschaftlerInnen wie für polittheoretische NovizInnen aus den Human-Animal Studies gleichermaßen lesenswert macht. Schließlich bereiten zahlreiche beeindruckende Beispiele aus dem Tierreich auch interessierten Laien ein zwar anspruchsvolles, aber immer kurzweiliges Lesevergnügen. So untermauern die freie Schriftstellerin Donaldson und ihr Partner Kymlicka, ein insbesondere für seine Werke zu Multikulturalismus bekannter, renommierter Politikwissenschaftler und Philosoph, ihr von feministisch-postkolonialer und Behindertenrechtetheorie geprägtes StaatsbürgerInnenschaftsmodell mit neuesten biologischen Erkenntnissen sowie *Star Trek*-Anekdoten.

Zoopolis ist in zwei Teile gegliedert: Im ersten Teil plädieren die AutorInnen einfühlsam und engagiert für universelle, unverletzliche Grundrechte für alle empfindungsfähigen Tiere, im zweiten Teil buchstabieren sie die konkrete Anwendung der drei erwähnten Modelle auf spezifische Tiergruppen und die darauf gründenden speziellen, relationalen Rechte jeweils in erhellendem Vergleich zu deren menschlichen Pendants minutiös und didaktisch klug durch. In globo postuliert *Zoopolis* sehr selbstbewusst das Ende der Tierindustrie sowie der anthropogenen Umweltzerstörung und den Beginn einer Ära fairen und respektvollen Zusammenlebens mit anderen Tieren.

Des Wälzers einziger Wermutstropfen ist die zu lange und langatmig ausgefallene, manchmal seltsame oder gar fehlerhafte deutsche Übersetzung, die überdies der emanzipatorischen und geschlechtergerechten Sprache des englischen Originals nicht gerecht wird. Ganz grundsätzlich sei angemerkt, dass angesichts der tödlichen Migrationspolitik Europas und globalisierter

Krise einige Passagen zu illegalisierter menschlicher Einwanderung, die Nichtproblematisierung der „sozialen Marktwirtschaft" nach bester TINA-Manier und somit Akzeptanz des Bestehenden fast zynisch anmuten; allerdings wäre es müßig, vom ehemaligen Berater der kanadischen Regierung Kymlicka dezidierte Staats- oder Kapitalismuskritik einzufordern.
Das wahrlich visionäre Werk wurde deshalb von der *Literary Review of Canada* nicht umsonst als „the most important philosophical work on human-animal relationships since Singer's Animal Liberation"[1] bezeichnet und ist, weit über die Human-Animal Studies hinaus, ein *must-read* mit gesellschaftspolitischem Sprengstoff.

Sue Donaldson / Will Kymlicka: *Zoopolis. Eine politische Theorie der Tierrechte.*
Aus dem Englischen von Joachim Schulte.
Suhrkamp. Berlin, Oktober 2013, 608 S. Hardcover 36,00 €
(ISBN: 978-3-518-58600-6).

1 Richard Keshen: The Rights of Animals. A Review of Zoopolis: A Political Theory of Animal Rights, by Sue Donaldson and Will Kymlicka. In: *Literary Review of Canada* 20,3 (2012), S. 26–27.

Wir und die Anderen

Winfried Speitkamp / Stephanie Zehnle (Hrsg.): *Afrikanische Tierräume. Historische Verortungen.*
Rezensiert von Gesine Krüger

In den *Tierstudien* ist es überflüssig, die Relevanz von *Animal Studies* in allen akademischen Disziplinen zu betonen. Wie sehr sich das Forschungsfeld etabliert hat, zeigen zahlreiche Projekte, Journals, Bücher und Konferenzen. Inzwischen ist es sogar möglich, einen ganzen Band mit Aufsätzen herauszugeben, die sich ausschließlich mit dem afrikanischen Kontinent und hier mit Fragen des Raumes befassen – dies allerdings im weitesten Sinne, denn es geht um Erzählräume der deutschen Kolonialzeit (Johann Reißer), um imaginierte Wildschutzräume in Ostafrika (Ulrike Kirchberger) oder durch Karten geschaffene Naturräume im südlichen Afrika (Luregn Lenggenhager), aber auch um die Repräsentation von Räumen etwa in ostafrikanischen Oraturen (Manuela Kirberg) und in europäischen Zoos (Christina May) oder um Grenzüberschreitungen „in Raum und Spezies" anhand von Leopardenmännern (Stefanie Zehnle). Zwei Texte handeln, eher ungewohnt für Tiergeschichte, vom Meer und seinen Bewohnern. Florian Kerschbaumer schreibt zum Zusammenhang von Haien und Sklavenhandel und Felix

Schürmann zur Interaktion von Walen, Walfängern und den Bewohner einer Insel im Golf von Guinea. Dass es sich vornehmlich um Dissertationen und Postdoc-Projekte aus unterschiedlichen Disziplinen handelt, belegt einmal mehr die Selbstverständlichkeit, mit der Tiere heute im Mittelpunkt neuer Forschung stehen. Mit Sandra Swart konnte zudem eine renommierte südafrikanische Historikerin gewonnen werden, die in ihrem Text die südafrikanische Legende vom „Baboon Boy" analysiert.[1]

Der vorliegende Sammelband möchte afrikanische Tierräume historisch verorten und vereint neun sehr interessante und lesenswerte Aufsätze. Was es mit den afrikanischen Tierräumen auf sich hat, soll die zusammenführende Einleitung von Wilfried Speitkamp und Stefanie Zehnle erläutern, die allerdings an vielen Stellen schwer verständlich und ungenau ist.[2] Zum Konzept heißt es, der Band versuche „gleichzeitige und mitunter konkurrierende Raumkonzepte Afrikas als Kontinent, Idee und Vision darzustellen." (9) Dabei ist nicht ganz klar, ob sich diese Absicht auf das Phänomen der gleichzeitig existierenden Raumkonzepte bezieht oder auf die unterschiedlichen analytischen Zugriffe auf diese Raumkonzepte und Räume. Dass unterschiedliche Raum*konzepte* gleichzeitig existieren, ergibt sich ja schon aus den vielfältigen methodischen und theoretischen Zugriffen. Zugleich unterliegt wohl jeder Raum konkurrierenden Nutzungen, Interessen, Vorstellungen usw. – das beginnt schon in der eigenen Wohnung und endet noch nicht mit Kontinenten. In jedem Fall wäre allerdings zunächst einmal zu klären, ab wann „Afrika" überhaupt als räumliche Einheit gedacht worden ist oder als Idee und Vision Gestalt angenommen hat und für wen. In diesem Zusammenhang erschließt sich ebenfalls nicht, warum es nicht erstrebenswert sei, „genuin afrikanische Raumwahrnehmungen zu beschreiben" (10).

Sammelbände sind oft heterogen, doch die Bemerkung etwa, dass die Grenze zwischen Menschen und Tieren lange Zeit als universell und starr galt, liest sich in einem Band, in dem es u. a. um historische Mensch-Tier-Transgressionen geht, irritierend. Afrika ist eben doch nicht nur der Kontinent der Tiere, wie in der Einleitung eingangs bemerkt, sondern weiterhin der Ort des Anderen.

1 Sie ist allerdings keinesfalls die einzige Forscherin, die sich „im engeren Feld der Mensch-Tier-Geschichte in Afrika" (12) bewegt hat. Selbst wenn man sich nur auf afrikanische Universitäten konzentrieren möchte, wäre an den von Sandra Swart und Lance van Sittert herausgegebenen Sammelband *Canis Africanis* (2007) zu denken, der eine Reihe von Tierforscherinnen und Tierforschern vereint, oder an Projekte wie *Figuring the Animal in Post-Apartheid South Africa* an der University of the Western Cape (UWC) in Südafrika.

2 So haben z. B. nicht „Kulturwissenschaftler" vom *Animal Turn* gesprochen, sondern die Historikerin Harriet Ritvo hat den Begriff in ihrem gleichnamigen Text geprägt.

Winfried Speitkamp / Stephanie Zehnle (Hrsg.): *Afrikanische Tierräume. Historische Verortungen.*
Topics in Interdisciplinary African Studies 32.
Rüdiger Köppe. Köln, 2014, 194 S. Hardcover 26,80 €
(ISBN 978-3-89645-902-2).

Die Verunglimpfung des Fleisches. Eine Wohltat?

Melanie Joy: *Warum wir Hunde lieben, Schweine essen und Kühe anziehen. Karnismus. Eine Einführung*
Rezensiert von Timo Müller

Lassie als Schmorbraten im Ofenrohr?! Ekelhaft?! Absurd?! Abartige Vorstellung?! Warum?
Seien wir doch mal ehrlich: Entweder Tiere werden getötet, gegessen und sonst irgendwie verbraucht oder sie sind vom Menschen auserwählte Freunde und Hilfsbedürftige. Zwischen den beiden Extremen klafft eine Leerstelle, in der Tiere einfach für sich existieren, der menschliche Verstand aber nicht hinreicht. Es ist dieser blinde Fleck jenseits menschlicher Erfahrung, in dem Imaginationen, Mythen und Glaubenssysteme entstehen, die das Menschliche erst als solches in seiner Identität und Definitionsmacht etablieren. Eine solche Ideologie beschreibt Melanie Joy als den Karnismus.
Die US-amerikanische Psychologin und Soziologin legt in ihrem einführenden Werk zum Karnismus eine alles umschließende, bewusstseinsdurchdringende Fleisch-Matrix zurecht. Wir sind dem Karnismus unterworfen, d. h. wir haben die Logik des Systems verinnerlicht, bestimmtes Tierfleisch aus einer als natürlich perpetuierten Notwendigkeit heraus zu essen. Diese scheinbar unumstößliche soziale Norm rechtfertigt jegliche Gewalt an nichtmenschlichen Tieren, weil es schlicht so ist, wie es ist. Die normstützenden Verteidigungsmechanismen fasst die Autorin als die drei Ns zusammen, nach denen Fleischkonsum normal, natürlich und notwendig ist und argumentiert, dass damit in der Geschichte versucht wurde, schon alle möglichen gewalttätigen Ideologien zu rechtfertigen: vom Patriarchat bis zur Sklaverei.
Die Autorin strickt eine etwas grobmaschige Verbindung zwischen industriekapitalistischen Schlachthausbetrieben und der imperialistischen Gewalt an Menschengruppen, indem sie u. a. Zitate von Adolf Hitler und Mahatma Gandhi an den Anfang jedes Kapitels setzt. Es folgen Zeugnisse und detaillierte Hintergrundberichte über das Dasein der Nutztiere, worüber das System des Karnismus konstruiert wird. Joy entfaltet ein Gewaltpanorama der westlichen, industriellen Fleischproduktion und versucht somit zu

veranschaulichen, wie die gewalttätige Ideologie, die dahinter steckt, letztendlich die Grundwerte des Menschlichen selbst verdirbt. Der Mensch ist das eigentliche Opfer des Karnismus, weil er für Körper und Geist ungesund ist und einer gerechten sowie menschlichen Gesellschaft entgegenwirkt. Die tödliche Gewalt der „Fleischokratie" (100), so argumentiert Joy, kommt also wie ein Bumerang auf den Menschen selbst zurück. Diese zurückkehrende Gewalt bezieht die Autorin zunächst auf die Arbeiter_innen in den Schlachthausbetrieben, die durch die permanente Gewalt- und Tötungspraxis an posttraumatischem Stress erkranken und vermehrt zu Süchten, Gewalt und Aggression neigen. Darüber hinaus sind die Konsument_innen von Fleisch verschiedenen Gefahren ausgesetzt, da sie nicht nur ihre Körper regelrecht mit „Scheiße" (90), die im Fleisch steckt, vergiften, sondern auch ihr Mitgefühl abstumpfen lassen.

Es sind menschliche Grundwerte, die Joy hochhält. Sie appelliert an ein allumfassendes Bewusstsein des Menschlichen, das mit allem Lebenden in Verbindung steht, und schlägt vor, Zeugnis über die Gewaltkultur gegenüber nichtmenschlichen Tieren abzulegen und „[...] das Potenzial des menschlichen Geistes auszuschöpfen" (170), schlicht „[...] das Beste aus uns Menschen zu machen" (ebd.). Der Karnismus behindert jedoch den von Joy formulierten „Menschheitsauftrag". Der unreflektierte Fleischkonsum entmenschlicht geradezu. Was im Appell der Autorin zum Ausdruck kommt, ist also eine anthropozentrische Angst um die Vormachtstellung des Menschlichen.

Warum wir Hunde lieben, Schweine essen und Kühe anziehen kann als psychologischer Ratgeber, ähnlich wie Allen Carrs *Endlich Nichtraucher,* funktionieren, um sich des Fleischkonsums zu entledigen. Die theoretische Einführung zum Karnismus ist auf sehr einfachem Niveau gehalten, so dass auch eine nicht akademische Leser_innenschaft angesprochen ist. Eine philosophische Bereicherung für die Tier/Mensch-Debatte liefert Joys Werk allerdings nicht.

Melanie Joy: *Warum wir Hunde lieben, Schweine essen und Kühe anziehen. Karnismus. Eine Einführung.*
Aus dem Amerikanischen von Achim Stammberger.
Compassion Media. Münster, Mai 2013, 223 S., inkl. Tipps und Informationen zu einer fleischlosen Lebensführung. Paperback 20€ (ISBN 978-3-9814621-7-3).

Zwischen Nähe und Distanz

Margo DeMello: *Animals and Society. An Introduction to Human-Animal Studies.*
Rezensiert von Denise Reimann

„We are surrounded by animals. Not only are we ourselves animals, but our lives, as humans, are intimately connected with the lives of nonhuman animals." (4) Mit dieser ebenso einfachen wie weitreichenden Beobachtung leitet die Kulturanthropologin und Soziologin Margo DeMello ihre breit angelegte Einführung in das immer noch junge Forschungsfeld der Human-Animal Studies ein. Ob als konkrete Haus-, Nutz- oder Labortiere, als Unterhaltungstiere in Zoo und Kino oder aber als in unserer Sprache und Kultur ubiquitär anzutreffende Symbolträger – Tiere begegnen überall dort, wo Menschen Gesellschaften bilden. Diese Omnipräsenz der Tiere in beinahe sämtlichen unserer sozialen Lebensbezüge steht in einem eigentümlichen Missverhältnis zu ihrer lange währenden Abwesenheit in wissenschaftlichen Reflexionen jener Bezüge. Die seit den 1990er Jahren sich etablierenden und auf dieses Ungleichgewicht reagierenden Human-Animal Studies haben eine Vielzahl interdisziplinärer und mitunter divergierender Bearbeitungen der Mensch-Tier-Beziehungen hervorgebracht, deren methodische Ansätze, Forschungsgegenstände und -ergebnisse DeMellos Einführung erstmals bündeln und in einer kontextualisierenden Zusammenschau vorstellen will.

Während im ersten der insgesamt fünf Hauptkapitel das Tier als sozial konstruierte Kategorie historisiert sowie die daran anknüpfenden Ansatzpunkte und grundlegenden Fragestellungen der Human-Animal Studies präsentiert werden, rücken im zweiten Kapitel die Geschichte und Aktualität der diversen ökonomischen Gebrauchsweisen von Tieren in den Fokus der Betrachtung: Als Hausgenossen und Nahrungsmittelproduzenten, als Protagonisten der Unterhaltungsindustrie, als in der Wissenschaft verwendete Experimentaltiere und als Assistenten zur Unterstützung und/oder Therapie psychischer bzw. physischer Beeinträchtigungen. Anschließend widmet sich DeMello den verschiedenen gesellschaftlichen Einstellungen zu Tieren bzw. dem Tierlichen, wie sie sich in der Arbeit mit Heim-, Schlacht- und Labortieren, im Tierschutz und der Gewalt an Tieren oder in der rhetorisch-politischen Instrumentalisierung des Tiers als sozial konstruierte Differenzkategorie innerhalb intersektional verwobener rassistischer bzw. sexistischer Diskurse zeigen. Nach einem verhältnismäßig kurzen Exkurs in die sprachlichen, religiösen, literarischen und filmischen Bilderwelten, denen Tiere ihre symbolhaften Auftritte verdanken, kommt DeMello im fünften und letzten Kapitel schließlich auf die Geschichte und Zukunft von Ethologie und Tierethik zu sprechen.

So groß die Bandbreite an behandelten Themen auch sein mag, so unterschiedlich und vielgestaltig die Mensch-Tier-Beziehungen jeweils auch ausfallen, scheint ihnen dennoch eines gemeinsam zu sein. Wie die Lektüre immer wieder verdeutlicht, beziehen sie ihre komplexe und oft in sich widersprüchliche Gestalt aus dem bis heute unentschiedenen Aushandlungsprozess von Ähnlichkeit und Differenz, von gleichzeitiger Nähe und Distanz zwischen Mensch und Tier. Nur deshalb könnten DeMello zufolge bspw. Laborratten als „Stand-Ins" für Menschen und gleichzeitig als nicht menschlich empfindende Experimentalobjekte behandelt werden. Diese und andere in der Geschichte der Mensch-Tier-Beziehungen aufscheinenden paradoxalen Verstrickungen aufzuzeigen und zu reflektieren, ist ein Verdienst des Einführungskompendiums. Ein weiteres ist die ausgesprochen übersichtlich und verständlich verfasste Darstellung eines tendenziell unübersichtlichen Forschungsfeldes. Durch zahlreiche Querverweise zwischen den einzelnen Themengebieten, durch zwischengeschaltete Infoboxen und Textbeiträge von Expertinnen und Experten auf den jeweiligen Gebieten sowie durch Literatur- bzw. Filmhinweise am Ende eines jeden Kapitels ist es DeMello gelungen, allen an den Human-Animal Studies Interessierten ein Studienbuch zur Seite zu stellen, welches nicht nur fachkompetent und kurzweilig über den bisherigen Entwicklungsgang der Disziplin informiert, sondern zudem auch neue Forschungsperspektiven und -projekte anzuregen verspricht.

Margo DeMello: *Animals and Society. An Introduction to Human-Animal Studies.* Columbia University Press. New York, August 2012, 488 S., 60 interior pieces. Paperback 34,50 $ (ISBN 978-0-231-15295-2) / Cloth 105,00 $ (ISBN 978-0-231-15294-5).

Eine Einführung in die Animal Geography

Julie Urbanik: *Placing Animals. An Introduction to the Geography of Human-Animal Relations*
Rezensiert von Aline Steinbrecher

Seit den 1980er Jahren haben sich Sozial- und Kulturwissenschaftler und Kulturwissenschaftlerinnen mit den Räumlichkeiten gesellschaftlicher Entwicklungen in solcher Intensität zu beschäftigen begonnen,[1] dass Edward

1 Die Erforschung des Raums erfolgt dabei vielfach interdisziplinär, wie zahlreiche Sammelbände zeigen, vgl. hierzu etwa Barney Warf / Santa Arias (Hrsg.): *The Spatial Turn. Interdisciplinary Perspectives.* London: Routledge 2009; Jörg Döring / Tristan Thielmann (Hrsg.): *Spatial Turn. Das Raumparadigma in den Kultur- und Sozialwissenschaften.* Bielefeld: Transcript 2008.

Soja hierfür 1989 den Begriff ‚spatial turn' prägte.[2] Das zentrale Merkmal des ‚spatial turn' besteht darin, Raum nicht länger als „Behälter" sozialer Prozesse vorauszusetzen und ihn damit als diesen Prozessen äußerlich zu betrachten, sondern ihn in seiner sozialen Produktion und seinem strukturierenden Wirken auf soziales Handeln zu begreifen. Auch Julie Urbanik geht von einem weiten Raumbegriff aus, der sowohl materielle als aber auch symbolische Orte mit einschließt (3).

Der Raum als Kategorie ist in den Animal Studies im angelsächsischen Sprachraum und insbesondere in der Animal Geography schon länger präsent. Die neuere Animal Geography – zu der auch das Buch von Julie Urbanik gezählt werden kann – will dabei nicht lediglich Tiere in die geographische Forschung einbeziehen, sondern sich von der tradierten anthropozentrischen Tradition lösen.[3]

Das Buch von Julie Urbanik ist als Studienbuch konzipiert, die einzelnen Kapitel werden mit Fragen und weiterführenden Aufgaben abgeschlossen. Schon zu Beginn macht die Autorin auch ihren pädagogischen Anspruch transparent: „This book is an invitation to reflect on your own particular relationships with non-humans." (XI) Im Zuge dessen zeigt Urbanik auf, wie zentral die ‚non-human animals' in unserem Alltag sind: Wir essen sie, wir tragen sie, wir leben mit ihnen, wir arbeiten mit ihnen, wir machen Experimente mit ihnen, wir schützen sie, wir missbrauchen sie, wir jagen sie, wir kaufen und verkaufen sie und lieben oder hassen sie.

Zudem will Urbanik eine Einführung in das Feld der Animal Geography geben und erläutert die Entwicklung des Faches sowie die aktuellen Forschungsfelder dieser Studienrichtung. Die Mensch-Tier-Interaktionen beschreibt Urbanik dann in der Folge im Haus, auf Bauernhöfen, im Kontext des Labors und von anderen Arbeitszusammenhängen sowie in der „Wildnis".

In ihrem Ausblick stellt Julie Urbanik noch weitere Forschungsfelder der Animal Geography dar. So fordert sie etwa, dass Mensch-Tier-Praktiken vermehrt untersucht werden sollten und zeigt somit nicht nur auf, wie wichtig eine weitere Etablierung des Faches ist, sondern auch wie anschlussfähig Forschungen der Animal Geography an die Animal-Studies sind.

Julie Urbanik: *Placing Animals. An Introduction to the Geography of Human-Animal Relations.*
Rowman & Littlefield. Lanham, August 2012, 193 S. Hardback 85,00 $ (ISBN: 978-1-4422-1184-1), Paperback 29,00 $ (ISBN: 978-1-4422-1185-8).

2 Edward Soja: *Postmodern Geographies. The Reassertion of Space in Critical Social Theory.* London: Verso 1989.

3 Zur Animal Geography vgl. etwa Jennifer Wolch / Jody Emel (Hrsg.): *Animal Geographies. Place, Politics, and Identity in the Nature-Culture Boderlands.* London / New York: Verso 1998; Chris Philo / Chris Wilbert (Hrsg.): *Animal Spaces, Beastly Places. New Geographies of Human-Animal Relations.* London: Routledge 2000.

Ein Plädoyer für die kreatürliche Würde

Antoine F. Goetschel, mit Doris Mendlewitsch: *Tiere klagen an.*
Rezensiert von Lenke Wettlaufer

In dem populärwissenschaftlichen Werk *Tiere klagen an* zeigt Antoine F. Goetschel die vielgestaltige Widersprüchlichkeit der Beziehung zwischen Mensch und Tier auf und plädiert für eine Erweiterung des Tierschutzes. Der Jurist aus Zürich engagiert sich seit über 30 Jahren für einen rechtlich fundierten Tierschutz. Er hält die Besserstellung des Tieres nicht für ein gesellschaftliches Luxusproblem, sondern ist davon überzeugt, dass es „für uns als Individuen wie für uns als Gesellschaft von großer Bedeutung ist, das Verhältnis zu unseren tierlichen Mitgeschöpfen so zu gestalten, dass es ihnen gerecht wird und dass wir guten Gewissens damit leben können" (18). Demnach bedinge ethisches Verhalten gegenüber Tieren die Zubilligung einer tierlichen Würde. Diese umfasst nach Goetschel den Schutz des Tieres in seinem Eigenwert – unabhängig vom einzelnen Menschen und seiner individuellen Zuneigung. Effektiver Tierschutz setze voraus, dass nicht die subjektive Tierliebe die Grundlage der Diskussion bildet. Auf ein Leiden im veterinärmedizinischen Sinn komme es nicht an. Die Ausführungen richten sich an interessierte LeserInnen, die sich bis dato kaum oder nicht mit Tierethik und Tierrechtsschutz auseinandergesetzt haben.

Das Buch ist in zehn Kapitel mit mehr oder weniger starkem Bezug zur kreatürlichen Würde gegliedert. Kapitel eins und zwei behandeln die Widersprüche menschlichen Verhaltens: Einerseits werden Haustiere als Individuen geliebt und andererseits werden Tiere als verarbeitete und damit anonyme Wesen verzehrt. In diesem Zusammenhang führt der Autor in die philosophischen und theologischen Grundlagen der Tierethik ein und erläutert Stellen des Alten Testaments und Positionen von Jeremy Bentham bis hin zu Tom Regan. Nachfolgend bietet Goetschel einen statistisch belegten, groben Überblick über die Problematiken der Massentierhaltung, die mit dem Wortlaut der Tierschutzgesetzgebung nicht in Einklang stehen. Das Schlachtvieh würde nach wie vor in den meisten Fällen als „seelenloser Produzent seines eigenen Fleisches" (68) behandelt. In Kapitel vier stellt der Autor die Problematik der überbordenden Zuneigung zu Tieren anhand des Animal Hording, der Lebenspartnerersatzschaffung und der Zoophilie dar. Weiterführend bietet der Autor Fakten und Denkanstöße zu tiergestützten Therapien und Tierversuchen. An letzteren kritisiert Goetschel insbesondere die Nichtdurchsetzung der 3-R-Prinzipien (replace, reduce, refine). Auch behandelt Goetschel die artwidrige Haltung von Tieren in Privathaushalten, die Benutzung von Tieren als Schmuck, die Qualzucht, die Haltung und Zurschaustellung von Tieren in Zoos, den Einsatz von Tieren

in Zirkussen und die Jagd – welche er als Töten ohne existentielle Notwendigkeit für den Menschen ablehnt. Im neunten Kapitel macht der Autor konkrete Vorschläge zur gesetzlichen Verbesserung des Tierschutzes in Deutschland und fordert insbesondere die Aufnahme des Begriffs der kreatürlichen Würde in das deutsche Grundgesetz. Seine Forderungen lehnen sich hierbei eng an die schweizerische Gesetzeslage an. Im abschließenden Kapitel ruft Goetschel seine Leserschaft dazu auf, sich aufklärerisch für den Tierschutz einzusetzen und aktiv Partei zu ergreifen. Dazu reicht er dem Leser einen bewusst plakativen Argumentationskatalog für die häufigsten „Schubladenargumente“ an die Hand.
Tiere klagen an ist das Buch eines sachkundigen Praktikers. Aus wissenschaftlicher Perspektive bleibt die Einführung in diverse komplexe Fragestellungen zur Mensch-Tier-Beziehung aufgrund der Fülle der angesprochenen Problematiken bei gleichzeitig knapper Abhandlung zwangsläufig kursorisch. Angesprochen wird allerdings kein wissenschaftlich tätiges Publikum, sondern der interessierte Laie, der mit sehr anschaulicher Sprache informiert und mit konkreten Vorschlägen in die Lage versetzt wird, alltägliches Verhalten zu überdenken und zu verändern.

Antoine F. Goetschel, mit Doris Mendlewitsch: *Tiere klagen an.*
Fischer Scherz. Frankfurt am Main, April 2012, 271 S. Hardcover mit SU 19,99 € (ISBN 978-3-651-00002-5).
S. Fischer. Frankfurt am Main, März 2013, 271 S. Paperback 9,99 € (ISBN 978-3-596-19100-0).

Grundlegende Positionen und gesellschaftspolitischer Kontext philosophischer Tierethik

Friederike Schmitz (Hrsg.): *Tierethik. Grundlagentexte.*
Rezensiert von Clemens Wustmans

Für die in wissenschaftlichen Kontexten ebenso wie in der breiten öffentlichen und medialen Diskussion stetig zunehmende Einforderung der Relevanz nichtmenschlicher Tiere innerhalb der Ethik spielen nach wie vor Texte aus dem angloamerikanischen Raum eine entscheidende Rolle. Neben „Klassikern“ der Tierrechtsbewegung wie den Schriften von Peter Singer oder Tom Regan ist auch die jüngere Debatte in der englischsprachigen Philosophie ungeheuer vielfältig und unentbehrliche Grundlage für eine sachlich fundierte Debatte. Eine Auswahl dieser Grundlagentexte[1] erschließt der von Friederike Schmitz herausgegebene Band *Tierethik* nun – oft erstmals – in deutscher Sprache.

Der Band folgt einer ordnenden Logik, die sich zugleich grob an der historischen Entwicklung der jungen Disziplin „Tierethik" orientiert. Mit der Position Peter Singers, dessen Werk *Animal Liberation* 1975 den Ausgangspunkt der modernen tierethischen Debatte markiert, beginnt auch der vorliegende Sammelband die grundsätzliche Diskussion um Eigenschaften und den moralischen Status von Tieren. Diesem Auftakt folgt der Beitrag Tom Regans, des zweiten und vielleicht methodisch noch eindeutiger formulierenden Begründers der Tierrechtsbewegung; der Aufriss führt bis zur gerechtigkeitstheoretisch argumentierenden Position Martha Nussbaums.

In einem zweiten Schritt eröffnet der Band eine Übersicht der Einstellungen und moralischen Beziehungen gegenüber nichtmenschlichen Tieren; mit der Position Peter Carruthers aus dem Jahr 2011 wird eine anthropozentrische Perspektive eingebracht, die eine Kritik am Umgang des Menschen mit nichtmenschlichen Tieren zulässt, letzteren jedoch keinen moralischen Status an sich zuweist. Christine Korsgaard argumentiert auf der Grundlage Kant'scher Ethik und kann diese für die Debatte fruchtbar erweitern. Weiterhin werden Modelle vorgestellt, die auf Grundlage der Tierrechtsbewegung, der Tugendethik, der Gerechtigkeitsfrage sowie des Postulats notwendiger Empathie zur Überwindung der aus Sicht von Lori Gruen gescheiterten traditionellen Ethikansätze argumentieren. Es gelingt der Herausgeberin, die Diversität der Begründungsmuster innerhalb der Tierrechtsdebatte ebenso wie die Debatte in ihrem Verlauf selbst nachzuzeichnen.

Ein dritter Teil des Bandes widmet sich dem gesellschaftlichen Kontext und der Verortung der Tierethik innerhalb der politischen Theorie; auf diesem Weg gelingt es hervorragend, eine Verbindung zwischen anspruchsvollem Blick auf eine Metaebene beizubehalten und zugleich konkrete Forderungen der Tierrechtsdebatte aufzuzeigen. Das von der Herausgeberin in ihrer umfassenden Einleitung selbst formulierte Ziel, auch eine grundsätzliche Beschäftigung mit Fragen der Tierethik müsse angewandte Ethik sein und konkrete Konsequenzen für die Praxis zum Ziel haben, wird mit dem vorgelegten Band hervorragend eingelöst. Die Texte eröffnen an zahlreichen Stellen konkrete Bezüge zum Mensch-Tier-Verhältnis und darüber hinaus; sie bieten zugleich das Fundament für eine weitergehende Argumentation (oder fordern zur Gegenrede auf) im Ringen um den Status nichtmenschlicher Tiere in der Ethik. Der Band endet in der radikalen Forderung – vielleicht der Utopie? – Sue Donaldsons und Will Kymlickas nach einer Zoopolis und Bürgerrechten für Tiere.

1 Die siebzehn Beiträge sind mit einer Ausnahme, dem Text *Die soziale Konstruktion des Anderen. Zur soziologischen Frage nach dem Tier* von Birgit Mütherich, aus dem Englischen übersetzt.

Die ethische Relevanz nichtmenschlicher Tiere und deren Teilhabe an unserer Wertegemeinschaft wird vielerorts thematisiert. Der vorliegende Band von Friederike Schmitz bietet eine Orientierung in der Debatte und zugleich eine hervorragende Grundlage für weiterführende Argumentationen.

Friederike Schmitz (Hrsg.): *Tierethik. Grundlagentexte.*
Suhrkamp. Berlin, Januar 2014, 589 Seiten. Paperback 24,00 €
(ISBN 978-3-518-29682-0).

Abbildungsverzeichnis

Daniel Lau: Das Tier im neolithischen Raum
Abb. 1: Blick auf einen Rundbau, Göbekli Tepe, Südost-Türkei, 10. Jts. v. chr. Z.
Abb. 2: Ein mit Tierdarstellungen verzierter sogenannter T-Pfeiler.
Abb. 3: Darstellung eines Gürtels und Lendenschurzes aus Fuchsfell, auf einem der Zwillingspfeiler in Rundbau D.
Fotos & © Nicole Grunert M.A. (Christian-Albrechts-Universität zu Kiel)

Juliet MacDonald: Spuren im Labyrinth
Abb. 1: Zeichnung *Die Weggabelung*, von Ernest Seton-Thompson. Aus: Ernest Seton-Thompson: *Lives of the Hunted*. Toronto: Morang & Co. 1901, S. 239. Public Domain; Digitalisierung durch die Autorin.
Abb. 2: Karte des Baus der Kängururatte, von Ernest Seton-Thompson. Aus: Ernest Seton-Thompson: *Lives of the Hunted*. Toronto: Morang & Co. 1901, S. 247. Public Domain; Digitalisierung durch die Autorin.
Abb. 3: Schaubild des Hampton Court Labyrinths, von Willard S. Small. Aus: Willard S. Small: Experimental Study of the Mental Processes of the Rat II. In: *The American Journal of Psychology* 12,2 (1901), S. 206–239, hier S. 207. Courtesy of JSTOR: http://www.jstor.org/stable/1412534
Abb. 4: Nachzeichnung der Route in Watsons kreisförmigem Labyrinth, von Helen B. Hubbert. Aus: Helen B. Hubbert: Time Versus Distance in Learning. In: *Journal of Animal Behavior* 4,1 (1914), S. 60–69, hier S. 61. Internet Archive: https://archive.org/details/journalofanimalb04alba
Abb. 5: Der Entscheidungspunkt, nach Tolman. Zeichnung der Autorin.

Ulrike Heitholt / Dominik Mahr: Raum-Tiere und Tier-Räume
Abb. 1: Daniel Chodowiecki: *Der Ornithologe* (1772), sign. i. d. Platte Orig. (D. Chodowiecki del & Sculp), Engelmann 88 II. Die Originalkopie befindet sich im Privatbesitz eines der Verfasser des vorliegenden Beitrags.

Rolf Bier: Tiere in meiner Welt – meine Welt in Tieren
Fotos, Text & © Rolf Bier, 2003–2012

Bryndís Snæbjörnsdóttir / Mark Wilson: A Safe Passage
Bilder, Text & © snæbjörnsdóttir/wilson, 2014

Oskar Verant: TieRauMensch
S. 148: Karl Friedrich Luis, 2014, Digitalfotografie auf Aludibond, 150 x 100 cm.
S. 149: Critenae, 2014, Digitalfotografie auf Aludibond, 70x 100 cm.
S. 150: Pantheropis Guttatus Albinos, 2014, Digitalfotografie auf Aludibond, 70 x 100 cm.
Rattus norvegicus domesticus, 2014, Digitalfotografie auf Aludibond, 70 x 100 cm.
S. 151: Testudo, 2014, Digitalfotografie auf Aludibond, 70 x 100 cm
Fotos & © Oskar Verant, 2014
www.atelier.oskarverant.photo

Call for Papers: Wild

Tierstudien 08, Herbst 2015

Herausgegeben von Jessica Ullrich

„The most alive is the wildest."
Henry David Thoreau: *Walking* (1862)

Wildheit gehört zu den grundlegenden kulturellen Zuweisungen von Animalität, wobei nicht nur Raubtiere, sondern auch Barbaren, Kinder und Naturausschnitte als wild gelten können. Dabei wird das Wilde meist assoziiert mit dem Ungezügelten, mit Fremdheit und Sprachlosigkeit.

Für die einen ist der Teil der Natur wild, der nicht von Menschen kontrolliert werden kann, für die anderen der, der unterworfen und gezähmt werden muss. Als unkorrumpierte Natur kann Wildnis mit den dort heimischen Tieren Erholung bieten – oder aber Gefahren bergen.

Es existieren Skalen, um die spezifische Wildheit von Labormäusen zu testen, und es gibt eine eigene Kategorie von Tieren, die landläufig einfach als „Wild" bezeichnet und damit als jagdbar markiert wird. Dennoch bleiben die Definitionen von ‚wild' und ‚Wildheit' stets vorläufig und wandelbar. Denn was sind die epistemischen Unterschiede zwischen der Wildheit eines Wolfs, eines Dingos, eines Wildhundes, eines streunenden Hundes? Zuweilen verlaufen die Grenzen fließend und ein Haushund kann wild werden oder verwildern, ein Wolf kann gezähmt werden. Auch bestimmte Menschengruppen werden als ‚Wilde' diffamiert, oft, aber nicht nur im kolonialen Kontext. So wurde das sogenannte ‚Wolfskind' Victor, das ohne menschliche Kontakte aufwuchs und mühsam ‚domestiziert' wurde, als „Wilder von Aveyron" bekannt.

Wilde Tiere haben im Vergleich zu domestizierten Haustieren in der Obhut und im Besitz von Menschen andere, meist eingeschränkte Rechte („Füttern verboten"). Will Kymlicka und Sue Donaldson fordern jedoch in ihrer politischen Theorie der Tierrechte *Zoopolis*, die Souveränität von Wildtieren und deren Territorien anzuerkennen und zu schützen.

Wildheit kann sowohl als eine negative Figur der Aus- und Abgrenzung des Anderen und des Unzivilisierten konstruiert werden als

auch als positive, vitale Qualität von ungezähmten Tieren (und Menschen). Gilles Deleuze und Félix Guattari verlachen gar die Freunde von Katzen und Hunden und respektieren nur wilde Tiere, die sich in Meuten, Rudeln und Schwärmen organisieren und sich nicht zum ödipalen Familientier eignen. Und für Claude Lévi-Strauss ist die (hypothetisch) ganzheitliche, improvisierte und magische Weltanschauung sogenannter ‚Naturvölker' schlicht „wildes Denken".
‚Wild' muss also keine Eigenschaft des Ausgeschlossenen sein, sondern kann zu einem (bewusst gewählten) Aktionsmodell mit subversiver Kraft werden. Es stellt sich hierbei u. a. die Frage, ob tatsächliche oder vorgebliche tierliche Wildheit zuweilen gar als Widerstand gegen Repräsentationsdispositive gelesen werden kann?

Wir suchen nach Beiträgen zum Umgang mit wilden Tieren in den unterschiedlichsten Kontexten, zu wilden Tieren als Denkfigur, zu Wildheit als philosophischem und sozialem Konstrukt oder kultureller Trope, zu „wilden Kindern", Wildschutz, Wildlife Safaris, Auswilderung und Verwilderung – aber gerne auch zu anderen Phänomenen, die ‚Wildes' kritisch beleuchten.
Erwünscht sind insbesondere Analysen von Literatur, bildender Kunst, Film, Theater, Musik und Populärkultur. Aber auch historische, philosophische, soziologische, psychologische, religionswissenschaftliche und rechtswissenschaftliche Texte sowie naturwissenschaftliche Themen sind sehr willkommen.

Abstracts von nicht mehr als 2.000 Zeichen senden Sie bitte bis zum 1. Februar 2015 an jessica.ullrich@neofelis-verlag.de. Die fertigen Texte dürfen 23.000 Zeichen nicht überschreiten und müssen bis zum 1. Juni 2015 abgegeben werden. Danach gehen sie zur Peer Review an den wissenschaftlichen Beirat von *Tierstudien*. Erscheinungsdatum der Ausgabe ist Anfang Oktober 2015.

Tierstudien
hrsg. von Jessica Ullrich

Bisher erschienen
01/2012 – *Animalität und Ästhetik*
02/2012 – *Tiere auf Reisen*
03/2013 – *Tierliebe* (hrsg. zus. mit Friedrich Weltzien)
04/2013 – *Metamorphosen* (hrsg. zus. mit Antonia Ulrich)
05/2014 – *Tiere und Tod* (hrsg. zus. mit Antonia Ulrich)
06/2014 – *Tiere und Raum*

In Planung
07/2015 – *Zoo*
08/2015 – *Wild*